Stéphane Bourgoin

SEX BEAST

Sur la trace du pire tueur en série de tous les temps

Bernard Grasset

TEXTE INTÉGRAL

ISBN 978-2-7578-6406-7
(ISBN 978-2-246-85510-1, 1re publication)

Ce livre est dédié à Cali Montana

Introduction

Depuis 1979, j'ai rencontré soixante-dix-sept tueurs en série. Chaque interrogatoire est difficile, stressant, usant d'un point de vue psychologique et moral, mais les heures passées en compagnie de Gerard John Schaefer restent parmi les plus marquantes. Dès l'instant où je me suis retrouvé face à lui en novembre 1991, dans l'établissement de Florida State Prison, à Starke, j'ai eu la chair de poule et ma colonne vertébrale s'est crispée. Mon corps et mon esprit ont été l'objet d'une véritable attaque psychique, j'ai été comme submergé par une sorte d'aura maléfique, quelque chose qui reste encore à ce jour inexplicable. Pourtant, j'avais face à moi un homme souriant, d'apparence charmante, et qui se présentait comme innocent, victime d'une machination diabolique. Au fil des heures, la véritable nature de Schaefer allait se révéler. Comme je n'arrivais pas à le faire parler de ses crimes et qu'il se montrait arrogant, je décidai de l'interroger sur ses voisins de cellule du couloir de la mort. Il prétendait être un fin connaisseur de la nature humaine et de sa psychologie. Ses écrits rassemblés sous la forme de plusieurs recueils, *Killer Fiction* et *Beyond Killer Fiction*, sous couvert de nouvelles de fiction, se présentent en fait comme un catalogue de ses propres perversions et fantasmes.

L'ouvrage, *Journal d'un tueur – Une blonde sur un pieu et autres récits criminels*, a été réédité en mai 2015 par l'éditeur Camion Noir.

Après cet entretien de 1991, je me suis senti frustré car je n'avais pas pu rencontrer différents intervenants de l'affaire Schaefer. Pourquoi ? A cette époque, le tueur en série espérait encore recouvrer la liberté en faisant appel de sa condamnation. Comme la procédure était en cours, le procureur, le juge, les policiers et les témoins craignaient de s'exprimer face à la caméra, d'autant plus que Schaefer n'hésitait pas à attaquer en justice tous ceux qui le qualifiaient de « serial killer ». Les écrivains Colin Wilson, Michael Newton ou moi-même, plusieurs journalistes de la presse écrite ou de la télévision, des magistrats, des avocats et même son ex-petite amie Sondra London seront la cible de procès en diffamation. Parfait manipulateur, Schaefer recueillait les aveux d'autres détenus pour les dénoncer aux autorités, espérant ainsi bénéficier de faveurs en retour. Mais à force de jouer les indics, sa réputation lui vaut d'être attaqué à plusieurs reprises. Par deux fois, des condamnés tentent de le brûler vif. Le 3 décembre 1995, il est poignardé de plus de quarante coups de couteau et piétiné à mort.

Dix-sept ans plus tard, en janvier 2009, j'ai enfin la possibilité de combler un manque en questionnant les principaux intervenants et de me rendre sur tous les lieux importants liés à la vie criminelle de Gerard John Schaefer. Surnommé « Sex Beast », il n'a été condamné que pour deux meurtres et deux enlèvements, mais les autorités policières et judiciaires l'ont directement impliqué dans la disparition de trente-quatre jeunes femmes. Le procureur Robert Stone qui a assemblé tout le dossier d'instruction à charge, ainsi que plusieurs agents fédéraux du FBI estiment que Schaefer a probablement tué près d'une centaine de victimes, ce qui est confirmé par plusieurs lettres du serial killer.

A mes yeux, Gerard John Schaefer est l'un des pires criminels de toute l'histoire ; il est aussi l'un des plus méconnus puisqu'un seul livre, publié de manière confidentielle, lui a été consacré. J'ai moi-même filmé quatre documentaires sur son cas depuis 1993 pour France 3, France 2, Planète Plus et M6. Dans leurs Mémoires, les anciens agents du FBI Robert Ressler (*Chasseur de tueurs*) et Roy Hazelwood (*Dark Dreams*) le considèrent comme l'incarnation absolue du Mal.

Chapitre premier

« L'ENVIE »

Ce texte écrit par Gerard John Schaefer résume à merveille les fantasmes du tueur en série, présentés sous la forme d'une fiction. Lors de notre rencontre en novembre 1991, il m'a donné l'autorisation de le publier, afin de démontrer ses « qualités d'écriture », le terme même qu'il a employé. Cette nouvelle a été saisie par les autorités au domicile de Doris, la mère du criminel, et elle a été versée au dossier d'instruction comme une pièce à conviction.

« Je pénètre dans le bar et je regarde autour de moi. Je cherche quelque chose de spécial ou plutôt quelqu'un qui sort de l'ordinaire. Une fille, du moins une femme, une femme mûre. Elle doit avoir un look sauvage, qui se fiche de tout, la volonté d'être prête à tout pour du fric, une pute ou quelqu'un qui y ressemble. Il faut être sûr de son choix, car si vous vous trompez, les carottes sont cuites. Ce sera fichu pour vous. Mettons que vous l'ayez trouvée. Il faut vous en assurer en discutant avec elle, sans que personne puisse vous reconnaître. Lorsque vous êtes certain, vous faites votre offre. Et si elle l'accepte, c'est comme si elle avait signé son propre arrêt de mort.

« Vous êtes maintenant dans la voiture, avec l'assurance que les clients ne puissent pas se souvenir de votre départ ensemble. Peut-être vous êtes-vous coiffé différemment ou avez-vous changé votre apparence. Vous voulez devenir un visage anonyme, mais c'est difficile parce que vous n'avez pas l'expérience de ce genre de chose. Les pulsions sont si fortes qu'elles balaient toute raison et votre sens des valeurs. Vous êtes complètement à la merci de cette pulsion insensée qui vous pousse à commettre le crime ultime. Une fois fini, vous serez en paix.

« Tout a été préparé avec minutie. Vous êtes suffisamment cordial et vous ne la brusquez pas, afin de ne pas éveiller les soupçons. Vous roulez jusqu'à l'endroit où vous avez l'habitude de garer votre véhicule depuis pas mal de temps. Vous pourriez être ce voyageur ordinaire qui tombe en panne d'essence ou qui consulte une carte routière en bord de route. Même la police se laisserait avoir. C'est important. Vous lui dites tranquillement qu'on est arrivés et qu'elle doit sortir. C'est à ce moment-là qu'elle s'inquiète parce qu'on se retrouve au milieu de nulle part. Peut-être vous faudra-t-il dégainer votre arme pour lui faire entendre raison. Si elle se doutait de ce qui l'attend, elle n'hésiterait pas une seconde à choisir une balle pour en finir au plus vite. Vous connaissez le chemin par cœur pour l'avoir parcouru de nombreuses fois en pleine obscurité. Il est très bien caché, personne d'autre n'y est jamais allé à cause de la densité de la forêt. Mais vous savez où il mène.

« Au sein du marécage, il y a cet arbre gigantesque et ses énormes branches. Il est complètement caché dans cette jungle. C'est l'endroit idéal. Vous y êtes souvent allé, mais ce n'étaient que des répétitions. Il n'y avait pas encore de victimes, juste ce fantasme. Vous savez ce qui va se passer, étape par étape. La femelle est maintenant très effrayée, et tout ça c'est du bonus pour vous car votre excitation s'en accroît d'autant plus.

Vous lui ordonnez de se déshabiller, mais vous lui faites garder ses sous-vêtements. Vous l'attachez au tronc d'arbre et vous la bâillonnez si elle fait trop de bruit. Vous vous occupez de vos affaires car, après tout, ce n'est qu'un simple objet. De retour à la voiture, il vous faut un drap blanc et une taie d'oreiller pour la lui enfiler sur la tête. Vous lui expliquez que vous allez la pendre et qu'elle ferait aussi bien d'accepter son sort afin de coopérer. L'arme à feu est persuasive et il y a toujours de l'espoir, alors elle accepte de se laisser faire. Les branches sont parfaites, juste à la bonne hauteur. Il a fallu beaucoup de temps pour découvrir l'arbre, l'endroit et la bonne personne, mais nous y sommes enfin arrivés. Vous l'habillez de ce linceul blanc, vous lui enfilez la taie d'oreiller et, si l'envie vous en prend, vous vous asseyez pour la distraire en discutant. Un peu de terreur n'a jamais fait de mal à personne. Vous lui annoncez à quoi elle va ressembler pendue au bout d'une corde tandis que la corde se resserre autour de son cou. Soyez aussi réaliste que possible afin qu'elle soit pétrifiée d'horreur et qu'elle sache qu'elle va mourir. Le nœud coulant est arrangé de sorte qu'elle s'étrangle lentement. Elle est assise sur une planche posée entre deux branches. L'autre extrémité de la longue corde court le long du chemin. Le moment venu, je quitte les lieux pour la tendre. Autre variante : vous pouvez attacher la corde au pare-chocs arrière de votre véhicule. Ensuite, je rentre chez moi pour dormir un peu ou manger un morceau. Le lendemain matin, frais comme un gardon, je vais à la chasse pour trouver le corps pendu à un arbre. C'est là que je vais vraiment le regarder. Pour le tripoter ou le baiser. Je note l'expression de son visage, la position du cadavre, je l'explore sous toutes ses facettes. Ou bien je la mutile, si l'envie me prend. Je me réjouis de l'odeur de pisse ou d'excrément qu'elle a pu produire lors de la pendaison. Après de nombreuses heures passées en sa compagnie, je m'en débarrasse dans un endroit inconnu de tout autre être humain. Il va vite pourrir dans ce climat tropical avec l'aide des insectes et de la vermine qui grouille partout.

« Je quitte les lieux et lorsque j'y retourne, cela me paraîtra incroyable que j'aie vraiment fait tout ça. Je ne me souviendrai même pas que j'ai commis cet acte. Plutôt marrant, non ? [Ce paragraphe a été rajouté au stylo par Schaefer, le reste du texte est tapé à la machine.]

« Voilà ce que j'ai l'intention de faire, mais je ne sais même pas pourquoi j'en ai envie. C'est un désir insatiable que je dois combattre et supporter tous les jours de mon existence. Pourquoi ? Pourquoi ? C'est la question. Si j'étais capable de comprendre la cause de ces émotions, je pourrais peut-être mieux les combattre. Je fais des choses positives à titre de prévention. Je ne fréquente pas les bars, les plages, les discothèques, tous les endroits où je pourrais croiser la personne qui me fera basculer de l'autre côté. C'est déjà arrivé à deux reprises, mais, à chaque fois, la raison a pris le dessus pour m'empêcher d'aller trop loin.

« Une fois, j'ai dragué une fille sur une plage et je l'ai emmenée à l'endroit prévu. Elle se tenait juste sous la branche destinée à la pendre lorsque j'ai réussi, je ne sais pas comment, à me ressaisir. Elle était vraiment terrifiée et j'étais si nerveux que j'arrivais à peine à parler. J'ai eu de terribles maux de tête et, à l'instant où j'écris ces lignes, je connais une nouvelle crise migraineuse qui s'accompagne de bourdonnements dans les oreilles. C'est très curieux.

« La seconde fois, j'ai pénétré par effraction dans la maison de cette femme dans le but de l'étrangler ou de la kidnapper pour l'emmener dans les marais jusqu'à un arbre, mais, à l'instant où je m'apprêtais à la tuer dans son sommeil, j'ai renoncé à mon projet pour lui voler des vêtements, avant de m'enfuir. J'ai aussi pris son sac à main pour faire croire à un simple vol, et j'ai balancé le sac vide en plein quartier nègre.

« J'ai eu d'autres envies, toujours avec des femmes qui m'attirent question sexe mais que je ne connais pas personnellement. Je suis devenu ami avec une fille que j'ai failli tuer, je l'ai même conduite jusqu'à l'aéroport alors qu'elle partait pour se marier. Une expérience pour voir si j'avais toujours envie de la zigouiller après avoir fait sa connaissance, mais ce n'était plus le cas. En fait, je suis toujours resté attaché à elle.

« Une autre fois, au lycée, je me suis amusé à asphyxier une fille jusqu'à lui faire perdre conscience, et c'est quelque chose qui m'est toujours resté. J'adore l'idée d'étrangler des femmes, pas des enfants, mais je ne le fais pas parce que j'ai peur de me faire prendre. Et de finir en taule. L'idée d'être emprisonné m'horrifie. La mort ne me fait pas peur, d'ailleurs j'ai souvent pensé au suicide, mais l'idée d'être un jour enfermé entre quatre murs m'empêche de donner libre cours à mes pulsions.

« Lorsque je me sens attiré sexuellement par une femme et que j'ai envie de la tuer, il m'arrive souvent de lui voler ses vêtements, de les revêtir, afin de me pendre à sa place. C'est un peu risqué, mais je n'ai été surpris qu'à deux reprises par des étrangers et, à chaque fois, j'ai réussi à m'en sortir. Je possède un stock considérable de vêtements féminins, au point de ne plus savoir comment les garder sans attirer l'attention. Je les ai tous volés, ça fait partie de l'excitation. A présent, je ne garde que le strict minimum. Il fut un temps où je conservais toute ma collection dans des malles en pleine forêt, mais un incendie a tout détruit.

« La pendaison est le moyen le plus excitant pour se débarrasser d'une victime, mais, faute de greluches, je me contenterais de la strangulation. Je ne me l'explique pas. Auparavant, en matière de relations sexuelles, j'ai eu plusieurs expériences désastreuses, comme vous le savez déjà. Peut-être à cause de mon attirance pour toutes les formes de perversions. Ce fantasme particulier me donne entière satisfaction durant la masturbation. C'est pareil lorsque je m'imagine en train de pendre une femme. C'est suivi par l'éjaculation quand elle disparaît à travers la trappe imaginaire. Cela me procure une intense excitation sexuelle que je ne peux pas m'expliquer. Il y a peu, je me suis attaché à une jeune femme qui partage mes sentiments. Nos coïts sont très satisfaisants. Nous parvenons à l'orgasme en même temps, ce qui ne manque pas de nous étonner. J'ai des sentiments très profonds pour elle. Je l'aime beaucoup et je l'épouserai, si tout se passe bien pour moi d'ici quelque temps, mais je ne me laisse pas totalement dominer par mes émotions, au cas où il arriverait quelque chose. Lorsque nous faisons l'amour, c'est chouette, fantastique et nous nous sentons merveilleusement bien après coup, mais il y a un problème en ce qui me concerne. La seule manière pour moi d'arriver à l'orgasme est d'imaginer ma partenaire basculer par la trappe et se faire pendre. Je peux faire l'amour toute une nuit sans jouir, et sans jamais débander, sauf si je pense à la pendaison. J'attends que ma petite amie soit sur le point de jouir et, à cet instant, si je pense à une femme au bout d'une corde, j'ai alors automatiquement une éjaculation. Cela me dérange, mais ça n'enlève rien aux sentiments que j'éprouve pour l'amie à laquelle je fais l'amour. C'est un problème.

« J'ai lu qu'il y a un lien direct entre l'exécution et une stimulation sexuelle involontaire. On sait depuis longtemps que les hommes éjaculent lorsqu'ils sont pendus. Au Moyen Age, cela a donné lieu à des pratiques d'autoérotisme. Cette sensation de suffocation que l'on remarque chez les pendus encore en vie, lorsque la trappe s'est ouverte sous leurs pieds, engendre fréquemment une érection qui s'achève par un orgasme violent à l'instant de l'agonie. C'est un procédé très familier des pervers sexuels qui sont toujours en quête de nouvelles sensations fortes pour remplacer le fouet, l'autoflagellation, la morsure et autres pratiques.

« Cela résume ce que je cherchais à vous faire comprendre. Je voudrais encore y ajouter une information.

« La relation qui existe entre la peur inspirée par l'approche d'une mort inévitable et des désirs sexuels inavouables est un fait reconnu depuis longtemps. Le maniaque qui viole et tue en incarne l'illustration la plus graphique, un mariage démoniaque entre Eros et Thanatos. Le violeur qui assassine ne se préoccupe pas tant d'éliminer l'unique témoin de son forfait que d'aller jusqu'au bout de son acte sexuel, tel qu'il le fantasme. Je me demande d'ailleurs s'il en comprend la signification. Moi, je ne la comprends pas, et ces mêmes sentiments m'agitent en permanence. Je tuerais une fille si je la violais, mais je ne sais pas pourquoi.

« Voici un autre exemple.

« La police découvre un cadavre pendu dans un placard. Ce coiffeur porte seulement un soutien-gorge noir, un porte-jarretelles et des bas nylon. L'homme a les cuisses et le cou entourés de lourdes chaînes. La mort a été causée par ses propres pratiques de tortures masochistes. Il s'est flagellé avec les chaînes, avant de se masturber et de se pendre.

« Tout cela appartient à ma propre expérience de la perversion et j'aimerais pouvoir m'en libérer car cela freine ma créativité en tant qu'être humain. Mon esprit ne parvient pas à fonctionner correctement car il tente en permanence de réprimer ces envies et le désir d'y donner libre cours. La plupart du temps, le combat est perdu d'avance. Je suis certain qu'il doit y avoir une réponse quelque part. Peut-être qu'un jour la compréhension de ce problème et des facteurs qui l'ont engendré me permettront de guérir. »

Ces sept feuilles dactylographiées ont été trouvées dans l'ancienne chambre à coucher de Gerard John Schaefer, dans la maison de sa mère Doris, à Fort Lauderdale, lors d'une fouille effectuée par le sergent Chuck Hemp, le 7 avril 1973 à 12 h 35. Ce document porte la référence « Scellés IV, Item A ».

Chapitre II

21 JUILLET 1972 : L'ARRESTATION

Ce témoignage a été recueilli auprès de Nancy Ellen Trotter qui, depuis son mariage, a changé d'identité et d'adresse. En 1972, elle habite au 28477 Eastbrook Court, à Farmington, dans le Michigan. Avec son amie Pamela Sue Wells, elle fait de l'auto-stop jusqu'en Floride. Son procès verbal d'audition est enregistré par le sergent H.J. Knichel du Martin County Sheriff Department, à Stuart, en Floride, le 22 juillet 1972.

« Nous rentrons juste de la plage avec Susan Wells, je crois qu'elle s'appelle Jensen Beach, et nous faisons du stop pour rentrer en ville chez une copine qui nous héberge depuis quelques jours. Nous ne savons pas si c'est autorisé de faire du stop en Floride. Il devait être 17 h 30 ou 18 heures environ lorsque ce sergent nous a abordées. Celui que nous avons identifié sous le nom de Schaefer. Il nous a demandé nos papiers. J'avais les miens, mais pas Sue. Je lui ai proposé de nous emmener en ville, mais il a répondu que c'était illégal. J'ai ajouté que c'était pour vérifier si nous habitions bien en ville et pour montrer la carte d'identité de Sue. Il a appelé le poste par radio et on lui a dit que c'était OK. Je me souviens qu'il a parlé de deux filles, mais je ne sais plus s'il a mentionné nos noms. Lorsque nous sommes montées à bord du véhicule de patrouille, il a indiqué le kilométrage ; il a fait de même lorsqu'il nous a déposées. J'étais assise devant et Sue à l'arrière. Il a été très sympa. Il nous a raconté qu'il avait fait du stop un peu partout, en Europe et en Afrique, du temps où il était professeur. Nous sommes vite arrivés chez notre amie sur East Ocean Boulevard, face au palais de justice. On lui a dit qu'on voulait retourner à la plage le lendemain pour bronzer. Il a offert de nous y emmener le lendemain matin. Nous avons pris rendez-vous pour 9 h 30 près du petit square en face du palais de justice.

« Nous étions dehors le lendemain vers 9 h 10 et il s'est pointé entre 9 h 15 et 9 h 30. Nous étions assises sur un banc lorsqu'il est arrivé à pied. Il ne portait pas d'uniforme, il était même en short et sans son véhicule de patrouille. Sans qu'on lui demande, il a mentionné qu'il était de service mais en vêtements civils et qu'il devait aussi utiliser son propre véhicule. Nous nous sommes installées à bord et on lui a demandé ce qu'il devait faire. S'il avait une destination en particulier ? Schaefer a dit que non, il était juste là pour observer. Puis il nous a proposé de visiter ce vieux fort espagnol à l'abandon, situé en bord de rivière, avant de nous emmener à la plage. Nous avons dit oui. C'était dans la même direction que la plage et ça avait l'air cool.

« Au bout de quelques minutes, nous avons quitté la route principale, la A1A, pour un petit chemin de terre sur la gauche. Il y avait un arbre qui avait l'air très vieux avec une pancarte "Propriété privée". Ensuite, nous avons aperçu ce fort plutôt délabré. Il nous a parlé d'un bateau qui devait se trouver quelque part à l'intérieur, mais nous n'avons rien trouvé. Il a aussi mentionné une centrale nucléaire qui se trouvait un peu plus loin dans les bois. On se rapprochait de la voiture lorsqu'il nous a adressé la parole : "Hé, vous m'avez menti hier. Je sais que vous êtes des fugueuses." J'ai dit que c'était faux. Et que de toute façon, j'étais majeure puisque j'avais 18 ans. Il a dit qu'il avait appelé nos parents qui étaient vraiment très inquiets et souhaitaient notre retour. Il nous a indiqué qu'il allait nous ramener chez nos parents et qu'il allait nous menotter toutes les deux pour nous empêcher de nous enfuir.

« Comment avait-il eu nos adresses ? Le jour précédent, Schaefer avait jeté un coup d'œil sur mon permis de conduire et il avait noté nos noms sur un bout de papier, Sue Wells et Nancy Trotter. A moins qu'il ne se soit souvenu de Farmington, dans le Michigan. Une fois de retour dans le véhicule, il a répété qu'on lui avait menti. Je lui ai dit que c'était faux, que je n'étais pas une fugueuse et que ma mère était au courant de mon voyage en Floride. Pour Sue, c'était différent, elle était partie sans demander la permission, mais, depuis, elle avait téléphoné à sa mère. En plus, on leur avait écrit. Schaefer a insisté pour savoir si nos parents connaissaient exactement l'endroit où nous étions. Ce n'était pas le cas car nous venions tout juste d'arriver en Floride. Il a indiqué qu'il nous plaçait en état d'arrestation parce que nous étions des fugueuses. On a cru à une blague de sa part, et ça nous a fait beaucoup rire. J'ai rigolé en ajoutant que d'ici une semaine, j'avais de toute façon l'intention de rentrer chez moi et que ça me ferait un voyage gratuit. Il s'est mis en colère et nous a ordonné de sortir de la voiture et de vider le contenu de nos sacs.

« Il nous a passé les menottes dans le dos. Schaefer a ensuite fouillé nos sacs, je pense pour vérifier si on avait de la drogue. Il a pris mon canif et une petite paire de ciseaux. Il n'a rien trouvé d'autre. Il nous a posé plein de questions sur les personnes qui nous hébergeaient sur East Ocean Boulevard. Est-ce que ces deux filles nous connaissaient bien ? Avaient-elles l'adresse de nos parents ? On lui a répondu que c'étaient des "Jesus Freaks" qui travaillaient dans un centre de probation avec un pasteur qui recueille d'anciens drogués. Ils sont toujours cinq ou six là-bas. Il voulait nous faire dire qu'il y avait plein de drogue et, du coup, nos réponses l'énervaient. En fait, ces gars-là et ces deux filles qui nous hébergeaient, c'était tout pour Dieu. Personne ne se drogue ou boit de l'alcool. Pour le calmer, on a commencé à mentir.

« Puis il a embrayé sur la traite des Blanches. Que pour nos parents, faire de l'auto-stop était dangereux. Qu'on pouvait faire de mauvaises rencontres. Brusquement, il a déclaré : "Je pourrais vous vendre toutes les deux à un réseau de traite des Blanches." Sue ne savait pas ce que c'était, mais moi j'étais au courant. "Vous avez dû entendre parler de gens qui disparaissent à tout jamais." Il nous a raconté une affaire de disparition. "Il n'y a pas de crime s'il n'y a pas de cadavre. C'est juste enregistré comme une disparition et personne ne retrouvera jamais le moindre corps." Il avait l'air très content de lui, avec un sourire malsain. J'ai commencé à avoir peur. Je pensais que c'était une tactique pour nous effrayer et nous faire avouer qu'il y avait de la drogue cachée quelque part. Même lorsqu'il nous a mis les menottes, à Sue et moi, on a pensé que c'était une plaisanterie de sa part.

« C'était une vraie fournaise dans la bagnole et les menottes me faisaient très mal. J'ai décidé de ne plus lui parler pour qu'une fois dégoûté, il nous raccompagne au commissariat ou ailleurs. Mais ce n'était pas le cas. Il a démarré pour poursuivre sur le chemin de terre, mais c'était pour trouver un endroit qui lui permette de faire demi-tour, et on est revenus près du fort espagnol où il s'est garé à l'ombre. En fait, il voulait encore nous parler. Nous n'avions rien à dire et il a continué à déblatérer sur la traite des Blanches. Il se demandait combien il pourrait obtenir pour toutes les deux et disait qu'il connaissait quelqu'un à qui il pourrait téléphoner et qui viendrait tout de suite nous chercher. Il voulait savoir si nos parents seraient prêts à payer une rançon et on a répondu oui toutes les deux. Sauf que les parents de Sue n'ont pas beaucoup d'argent.

« Ensuite il nous a demandé si on serait prêtes à baiser avec lui pour 150 dollars. On lui a dit que non. Il a ri aux éclats en affirmant que son contact était dans un réseau de traite des Blanches et qu'on devrait le faire pour rien. Nous sommes sortis de la voiture, il a ouvert le coffre pour prendre des cordes et des draps. Les morceaux de tissu étaient déjà coupés en lanières pour servir de liens et de bâillons. Tout était prêt. Il nous a obligées à marcher devant lui jusqu'à une sorte de clairière entourée de broussailles où il a étendu le drap sur le sol. Sue s'est assise dessus, les jambes allongées ; il les lui a attachées avant de la bâillonner. Il a ensuite fixé un morceau de tissu sous la poitrine de Sue pour lui entourer les bras, afin de l'empêcher de lever en l'air ses mains qui étaient déjà menottées.

« J'avoue que je ne savais pas quoi penser. J'avais très peur parce qu'il ne m'avait pas ligotée. Je me demandais s'il allait nous violer ou s'il voulait obtenir une rançon, mais je n'ai pas cru une seule seconde à cette histoire de traite des Blanches. Je n'osais pas bouger, j'étais comme paralysée. Puis il m'a fait signe de le suivre. J'ai pensé qu'on allait se diriger vers la voiture, mais nous sommes partis à pied en direction de la rivière. J'avais vraiment la trouille. Sue était toujours assise sur le drap et il m'a demandé si je croyais qu'elle allait s'enfuir.

Il l'a menacée de me tuer si elle bougeait ne serait-ce qu'une oreille, et qu'ensuite ce serait son tour. Il m'a dit de me dépêcher. J'avais du mal à marcher car il nous avait forcées à retirer nos chaussures. C'était une vraie jungle, humide, étouffante, avec des marécages. Je l'ai supplié de ne pas m'emmener par là car j'étais dévorée par les moustiques. Il a ignoré ma demande. Il nous avait pulvérisées avec un spray, du 612, mais ça commençait à ne plus faire effet face aux nuées de moustiques. Nous nous sommes arrêtés devant un arbre au tronc énorme, avec d'innombrables branches. J'ai dû m'installer en équilibre sur une grosse racine noueuse qui affleurait au-dessus du sol, puis il m'a ligoté les jambes à l'aide d'une corde. Il m'a passé un nœud coulant, préparé à l'avance, autour du cou, avant d'enrouler la corde sur une branche au-dessus de ma tête. Il a tiré dessus, ce qui m'a complètement étouffée. Je me suis mise à pleurer et il a un peu desserré l'étreinte. Ensuite il m'a pincé les fesses, du coup je me suis retournée pour lui dire : "Arrête ça ! – Ferme ta gueule, m'a-t-il rétorqué. Je pourrais te violer tout de suite ou tu préfères peut-être que je descende ta braguette ?" Il a commencé à vouloir tripatouiller la fermeture Eclair de mon pantalon, mais je me suis retournée pour l'en empêcher. Et il a stoppé son geste. Je devais faire très attention parce que j'avais les pieds en équilibre sur cette grosse racine et, si je glissais, j'étais morte. Je me serais pendue. Je savais très bien qu'il l'avait fait exprès. Il nous a menacées en nous avertissant que si on criait, on serait mortes. Ensuite, il est parti je ne sais où.

« Mes poignets étaient menottés, mais Schaefer n'avait pas très bien attaché mes bras parce que j'étais en équilibre instable sur cette grosse racine, et il a sûrement eu peur de me pendre trop tôt. Du coup, j'ai pu détacher mes bras et les lever vers le haut pour retirer le bâillon. Ensuite, j'ai grimpé un peu plus le long de cette racine pour donner du mou au nœud coulant. J'ai réussi à défaire la corde qui était enroulée autour d'une branche. J'ai sauté par terre pour retirer la corde de mon cou et, en me penchant en arrière, j'ai eu beaucoup de mal à enlever l'autre lien qui me ligotait les pieds. J'avais toujours les menottes dans le dos.

« Je me suis dirigée vers ce fort espagnol à l'abandon pour m'y cacher un moment. J'ai fait très attention à ne pas chuter, sous peine de m'assommer en tombant puisque je ne pouvais pas me servir de mes mains. J'ai vu que la voiture de Schaefer était toujours garée au même endroit. Mais je ne l'ai pas aperçu. J'ai eu peur qu'il ne soit auprès de Sue. Du coup, je me suis faufilée à travers les broussailles pour aller vers la rivière. J'ai marché dans l'eau comme si je me promenais le long du rivage. J'espérais trouver une route ou quelqu'un qui puisse m'aider. Tout d'un coup, j'ai entendu Sue qui m'appelait, mais je n'ai pas répondu. Je me suis dit que Schaefer s'était rendu compte que j'étais partie et qu'il forçait Sue à crier pour me faire venir. Je n'ai plus bougé pour ne pas faire de bruit. Et je l'ai vue par une trouée entre les fourrés. Il l'avait aussi emmenée près de la rivière dans une autre clairière. Elle semblait assez loin de moi. Le rivage serpentait beaucoup avec des petites criques abritées des regards par une végétation très dense et il m'a semblé entendre du bruit derrière moi. Comme si quelqu'un marchait dans l'eau pour me suivre, mais je ne pouvais rien voir. J'ai eu très peur que ce soit Schaefer et je suis partie en courant à travers les bois afin de m'éloigner du rivage. Je me suis cachée sous des buissons où j'ai attendu quelque chose comme une demi-heure. Mais c'était intenable car les moustiques me dévoraient. Le vent s'est levé et agitait les feuillages. A tout instant, j'avais l'impression que c'était lui qui surgissait pour me reprendre. J'étais morte de peur. Et je n'ai pas pu rester en place. J'ai coupé à travers cette jungle dont les branches me griffaient la peau. A un moment donné, je ne pouvais plus avancer. La végétation était trop dense, c'était comme une barrière de verdure. J'ai dû rebrousser chemin vers la rivière. J'ai contourné la péninsule jusqu'à ce que j'aperçoive la route. Je me suis mise à nager à moitié, mais j'ai été piquée par plusieurs méduses. Heureusement, l'eau n'était pas profonde car je ne pouvais toujours pas me servir de mes bras. J'étais encore dans l'eau lorsque j'ai aperçu les premières voitures. Je me suis mise à crier à l'aide. C'est un policier qui s'est arrêté en premier. Il m'a donné une couverture, je lui ai demandé s'il avait des nouvelles de Sue. Il m'a répondu qu'elle était saine et sauve. Le cauchemar était terminé. »

Chapitre III

UNE ENFANCE ET UNE ADOLESCENCE « NORMALES »

Gerard John Schaefer Jr. est né le 25 mars 1946 à Neenah, dans l'Etat du Wisconsin. Il est l'aîné des trois enfants, Sara, Gary et lui, issus du couple Doris et Gerard John Schaefer Sr. Représentant de l'entreprise Kimberly-Clark qui fabrique des produits d'hygiène, dont les célèbres mouchoirs Kleenex, Schaefer Sr. est nommé dans le sud des Etats-Unis et la famille déménage pour s'installer à Chamblee, un faubourg huppé proche d'Atlanta, en Géorgie. Interrogé par un psychiatre, le docteur R. C. Eaton, le 9 avril 1973, Gerard Schaefer Jr. affirme être le « produit illégitime » d'un « mariage forcé ». Il naît environ six mois après l'union de ses parents qui « n'ont jamais eu de bonnes relations ». Son père « le critique en permanence » et sa mère est « toujours sur [son] dos parce [qu'il peut] faire beaucoup mieux ». La famille est très catholique, fervente même, et le jeune Gerard est envoyé dans une école des maristes. La Marist School, fondée en 1901 à Atlanta, accueille un peu plus de mille élèves, garçons et filles, pendant les années de collège. Ces « petits frères de Marie » reçoivent l'approbation du Saint-Siège en 1863 afin de pouvoir enseigner et prêcher la bonne parole. Dès ses jeunes années, le fils aîné est persuadé que son père préfère sa sœur Sara, ce qui le pousse à devenir à tout prix une fille. Il porte souvent de la lingerie féminine. Vers l'âge de 10 ans, il a des pensées suicidaires. « Je n'arrivais pas à faire plaisir à mon père, si bien que dans tous les jeux, c'est toujours moi qui mourais. » L'adolescent recherche à tout prix l'amour d'un père qui, dit-il, le rejette : « Mon père a passé un certain temps dans un camp pendant la Seconde Guerre mondiale. Il s'est évadé pendant l'offensive des Ardennes. Voilà pourquoi je me suis passionné pour l'histoire de ce conflit. Il en parlait avec difficulté et essayait de surmonter ce traumatisme. Il en est revenu touché psychologiquement et a sombré dans l'alcool. De là lui est venu ce goût pour la discipline. Il a vu des gens se faire fusiller parce qu'ils rechignaient à obéir ou parce qu'ils exécutaient mal un ordre. Il répétait sans cesse, "il faut apprendre la discipline". Je suis allé à l'église catholique où les nonnes vous frappaient comme des dingues si vous sortiez du rang. Du coup, en prison, cela m'a permis de survivre grâce à ce vécu enseigné par mes parents, les jésuites et les nonnes. La discipline est nécessaire à votre existence, ainsi qu'un certain nombre de valeurs. Il n'y a pas de zone grise, pas de blanc ou noir, il faut juste cultiver la différence entre le Bien et le Mal, et se battre pour la cause du Bien. »

Une fois incarcéré, Schaefer donne une tout autre version de ses jeunes années. Lors d'un entretien, il affirme avec force avoir connu une « jeunesse idyllique ». Il aurait fait partie de l'équipe de football américain du collège mariste, de celles de golf et de base-ball. Son loisir préféré est la pêche qu'il pratique au parc de Chastain, dans le comté de DeKalb.

A 12 ans, il découvre les pratiques de l'autoérotisme et du bondage, comme il l'indique lors de son entretien de 1973 avec un psychiatre. Il « adore les petites culottes » qu'il porte pour se masturber et ses fantasmes se teintent de violence, comme le raconte son ex-petite amie Sondra London : « Schaefer s'habillait parfois avec des vêtements de femme, s'attachait à un arbre avant de s'infliger des tortures, c'était la manière qu'il avait trouvée de "punir" son côté féminin. Il y a quelques photos qui le montrent ainsi. Il m'a indiqué à plusieurs reprises qu'il aurait voulu être une femme. » Gerard Schaefer confirme : « Je me pendais parfois avec une corde à la branche d'un tronc d'arbre jusqu'à ce que je sois sur le point de m'asphyxier. La jouissance et la douleur mélangées étaient très fortes et, une ou deux fois, j'ai failli y laisser ma peau. Ligoté à un arbre, je me débattais avec violence pour me libérer, cela m'excitait d'un point de vue sexuel, mais je m'arrangeais aussi pour me faire mal et connaître la douleur. » Ces images violentes le tourmentent sans cesse, au point que lui-même reconnaît « ne plus savoir ce qui est réel ou fantasmé ». L'adolescent, qui a 13 ans, s'imagine « en train de faire du mal aux autres, et aux femmes en particulier ».

En 1960, la famille Schaefer déménage à nouveau pour s'installer à Fort Lauderdale, en Floride, dans une maison de plain-pied, au bout d'une impasse. Doris, la mère, travaille comme secrétaire de direction pour le Fort Lauderdale Downtown Development Authority. L'arrière du jardin donne sur la jetée d'un canal qui permet d'accéder à la mer. Agé de 14 ans, il part souvent pêcher seul avec le bateau familial. Passionné de chasse et d'armes à feu, il se voit offrir sa première carabine pour des expéditions dans les marais des Everglades. Diplômé du lycée Saint Thomas Aquinas, il fait la connaissance de sa première petite amie, Cindy. Le couple devient inséparable pendant les trois années qui suivent. Mais leur vie sexuelle est pour le moins déviante, ce qui semble être une constante chez Gerard Schaefer. Selon ses dires, Cindy n'accepte des relations intimes que si le scénario est écrit à l'avance. Il faut qu'il lui déchire ses vêtements pour « la violer ». En 1964, il refuse ce « jeu » pour la première fois et Cindy lui annonce le jour même que c'est fini entre eux. Quelques heures plus tard, Gerard Schaefer retourne dans les bois pour ses pratiques de bondage autoérotiques qu'il avait abandonnées depuis la Géorgie.

Les livrets annuels de ses années de lycée, à Saint Thomas Aquinas, qui est un établissement catholique à la discipline stricte, montrent un Schaefer faisant partie de l'équipe de football américain, mais personne ne se souvient de l'avoir vu sur un terrain d'entraînement ou se joindre à une quelconque activité de groupe. Par contre, il joue beaucoup au golf, une pratique encore une fois solitaire. Alors qu'il est arrêté et condamné pour un double meurtre, ses anciens camarades de lycée témoignent de sa solitude, disent qu'il leur semblait « étrange » et toujours « plongé dans ses pensées ». L'un d'eux parle de son obsession à « vouloir regarder sous les jupes des filles » de cette institution mixte. A cette époque, tout comme dans le Wisconsin et en Géorgie, Gerard Schaefer va tous les jours à la messe. En classe, il se fait remarquer par un devoir qui agite beaucoup ses professeurs et lui vaut une suspension de la part de la direction de l'établissement. Dans un long essai, il remet en cause le dogme catholique de la virginité de Marie. Pour lui, c'est scientifiquement inconcevable, malgré sa foi catholique. On imagine la réaction des nonnes.

Au printemps de l'année 1964, Gerard Schaefer fait une rencontre qui le marquera jusqu'à la fin de son existence, celle de Sandra Steward, une belle jeune femme de 17 ans, aux longs cheveux noirs. Elle sera toujours « Sandy » pour Schaefer, qui est « John » pour elle. Plus connue sous son pseudonyme de Sondra London, voici comment elle évoque cette idylle qui dure une année : « Lorsque je l'ai vu pour la première fois, il était superbe, grand, un blond aux yeux bleus, très bronzé. Nous nous sommes rencontrés à un bal scolaire, il venait d'un autre établissement que le mien. Il semblait différent des autres, calme, seul dans son coin. Nos regards se sont croisés et il est venu me voir pour me demander mon nom. Je le lui ai donné et nous en sommes restés là. Par la suite, j'ai appris qu'il avait épluché le bottin pour appeler toutes les personnes qui portaient mon nom afin de me retrouver. Cela s'est passé avant même que nous fassions connaissance. Ensuite, nous nous sommes retrouvés presque tous les jours dans la maison de ses parents pendant un an. Bien des années plus tard, j'ai compris que lors de nos premières rencontres, il me soumettait à un test. Ce "brave garçon" catholique était habité d'un "complexe de la pute vierge". C'est la seule manière que j'ai de le qualifier. C'était un catholique intégriste. Soit vous étiez une sorte de vierge que l'on se devait de vénérer, soit vous étiez une pute qui méritait un seul châtiment, une mort violente. Beaucoup de personnes m'ont demandé pourquoi il ne m'avait pas tuée, et je vous avoue que je me suis moi-même posé la question. Je pense que j'avais passé avec succès ces "tests" en 1964, lorsque nous avons fait connaissance. J'avais 17 ans et lui 18. Mes réponses ont dû lui démontrer que je n'étais pas une "pute", mais une *nice girl*. Parmi ces "tests", Schaefer m'a parlé de sa petite amie précédente, une catholique elle aussi, qui avait un problème de culpabilité et souhaitait que John la viole. C'était pour elle le seul moyen de devenir intime avec lui. Nous en avons discuté et je suppose qu'il souhaitait savoir si j'avais des points communs avec elle à ce sujet. Il y fait allusion de manière succincte dans l'un de ses récits des années 1989-1990 où le personnage (qui est John) propose vingt dollars à une fille pour une pipe. Et si elle accepte, c'est pour devenir de la viande froide. »

La famille de Sandra est impressionnée par les bonnes manières du jeune homme qui l'emmène à la chasse dans les marais des Everglades. Il se moque lorsqu'elle est incapable de tirer sur un animal pour le plaisir. Curieusement, Gerard Schaefer n'abat jamais d'animaux comestibles. « John, comme tout le reste de la famille, explique Sondra London, était un fanatique de la chasse et des armes à feu. Des années après, je me souviens d'avoir feuilleté les albums de photos de famille avec Doris, sa mère. Il y avait un nombre considérable de photos avec les animaux morts au premier plan, tandis que les chasseurs, John, son frère et son père, n'étaient quasiment pas visibles : on ne voyait jamais leurs têtes. Ces photos étaient dérangeantes : des animaux morts et dépecés, et des visages d'hommes absents. John a toujours été intéressé par les armes à feu. C'est lui qui m'a appris à me servir d'armes. Une fois, je l'ai accompagné dans les marais des Everglades pour une partie de chasse. Il m'avait confié son fusil à pompe favori que j'ai laissé tomber dans l'eau boueuse. Et j'ai eu peur de sa réaction. Il s'est mis en colère bien sûr, mais il ne m'a pas frappée comme je l'ai craint l'espace de quelques secondes.

« Une autre fois, nous étions le long du canal, près d'une sorte de mare artificielle entourée de béton où nageaient beaucoup de poissons. John s'est mis à leur tirer dessus, et ça m'a terrorisée. J'ai eu peur des balles qui ricochaient, mais j'ai été dégoûtée qu'il tue gratuitement des poissons ! J'ai dû insister à plusieurs reprises pour qu'il arrête ce massacre. »

En juin 1964, Gerard Schaefer obtient son diplôme de Saint Thomas Aquinas. Leur relation est au beau fixe et le jeune homme part en vacances avec la famille Steward. Sandra le qualifie d'« amant enthousiaste et d'une grande sensibilité ». A son retour, il décide de devenir prêtre et veut entrer au séminaire de Saint John's, à West Coral Gables, où il est recalé. On estime, selon ses dires, « qu'il n'a pas la foi ». En tout cas, pas suffisamment. « J'ai pensé que c'était profondément injuste. » Dépité, il s'inscrit en septembre 1964 sans grand enthousiasme à Broward Community College où ses performances scolaires, toujours excellentes jusqu'alors, tombent à un niveau très médiocre. Il suit peu les cours, préférant ses parties de chasse en solitaire dans les Everglades. La relation amoureuse entre « John » et « Sandy » vire à la thérapie, Schaefer lui confiant de plus en plus ses problèmes psychologiques : « Il y a deux choses intéressantes au sujet de la maison de la mère de Gerard Schaefer. Deux portes plus loin, dans cette même impasse, vous allez voir une demeure à deux étages alors que toutes les autres maisons ne comportent qu'un seul niveau. C'est là que sa voisine Leigh Hainline se déshabillait le soir dans sa chambre, une scène que Schaefer observait de manière obsessionnelle. A ses yeux, elle le provoquait par cette habitude qu'il interprétait comme un "message" qui lui était adressé personnellement. Un jour, il était en train de nettoyer le bateau qu'il utilisait pour ses excursions en mer dans le jardin lorsqu'il a pointé le doigt en direction du domicile de Leigh Hainline : "Un de ces quatre, je vais y mettre un terme de manière définitive." Je me souviens encore très bien de l'expression de son visage, à ce moment-là, un mélange de concupiscence et de rage. Schaefer n'était pas heureux d'assister à un tel spectacle, ce n'était pas du simple voyeurisme, il était rempli de colère et écarlate. C'était la première fois que je voyais cet aspect de sa personnalité. Lui était un "bon garçon" et ces "créatures diaboliques" tentaient de le faire sortir du droit chemin. En 1989, je me décide à contacter Schaefer car j'ai dans l'idée d'écrire un ouvrage sur nos relations adolescentes et la "naissance" d'un serial killer. Je téléphone à la police de Fort Lauderdale pour savoir si une femme a été assassinée dans la rue où il vivait. Je pensais bien évidemment à Leigh Hainline. Ils m'ont dit que non. J'ignorais par contre qu'elle avait changé de nom après son mariage. Et qu'elle avait disparu sans laisser de traces. En 1973, lors de la fouille de la maison de la mère de Schaefer, on a découvert un médaillon gravé avec le prénom "Leigh". Seize ans plus tard, quand je lui ai demandé des explications, sa réponse a été ridicule. Leigh se droguait et il lui aurait donné de l'argent en échange de ce médaillon, afin qu'elle puisse s'acheter sa dose.

« En prison, Schaefer a écrit une nouvelle, "Gator Bait", pour m'expliquer ce qui s'était passé avec Leigh Hainline, qui est l'une de ses premières victimes. Mais, en 1965, il m'avait fait une autre confession à ce sujet pendant que nous étions ensemble ici, à Fort Lauderdale. A cette époque, Schaefer conduisait un break Ford vert et, presque tous les jours, il passait devant la première maison, à l'entrée de cette impasse, où, dans le jardin, une femme en bikini se faisait bronzer. Ce qui n'est pas inhabituel en Floride, bien sûr. Mais pour Schaefer, c'était une provocation qui lui était destinée, un message du Malin. Cette femme était une "pute" qu'il se devait de tuer. Dans son véhicule, il a mis son fusil, un drap et des blocs de béton. Comme il connaissait les heures de passage des éboueurs, il voulait attendre qu'elle sorte ses poubelles pour l'assommer et, une fois enveloppée dans le drap, revenir jusqu'au domicile de sa mère. A l'arrière de la maison, il y a ce canal qui débouche sur la mer, le bateau qu'il utilisait y étant amarré. »

Comme il l'explique à son amie d'alors, il en veut à sa voisine : « Son plan aurait été d'embarquer cette femme inconsciente pour partir vers les Everglades. Là, à l'écart de toute habitation, Schaefer l'aurait attachée aux blocs de béton, avant de lui tirer une balle dans la tête. Et il a terminé sa diatribe en affirmant qu'elle serait de "la nourriture pour les alligators avant le lever du jour. Pas de corps, pas de crime".

« N'oubliez pas qu'à cette époque, Schaefer n'avait que 19 ans. Un soir, il s'était garé devant la maison de cette voisine pour mettre son plan à exécution. Mais, en fait, son père est arrivé à ce moment-là pour se garer près de son fils, en lui demandant ce qu'il faisait là. Du coup, il a renoncé à l'assassiner. »

Sondra London est un témoin privilégié des relations tourmentées qui agitent la famille Schaefer puisqu'elle fréquente tous les jours la demeure du 2716 SW 34th Avenue : « La famille de Schaefer était ce que l'on appelle une "bonne famille", des catholiques pratiquants, inscrits aux clubs de yachting et au golf local. John allait à la messe sept jours sur sept. C'était un excellent joueur de golf. Une part de lui était féminine, cela m'a toujours paru évident. J'avais été très attirée par lui, il a été le premier homme avec qui j'ai fait l'amour, et le sexe était tout ce qu'il y a de plus normal entre nous. Au fur et à mesure de notre relation, j'ai vu une autre facette de sa personnalité commencer à émerger. Je me souviens d'un moment très fort où il s'est agenouillé devant moi en me déclarant : "Que puis-je faire pour te plaire ? Dis-le-moi." Et je me rappelle m'être sentie révulsée par son attitude. J'avais envie de lui répondre : "La première chose que tu puisses faire, c'est de te relever et de te conduire comme un homme." A partir de cet instant, il a beaucoup perdu de sa virilité pour moi, je ne le trouvais plus du tout aussi "masculin". Ce fut un tournant dans notre relation, car je me suis moins intéressée à lui d'un point de vue sexuel. John adorait être dehors dans la nature, il aimait beaucoup que je l'accompagne dans ses parties de chasse ou de pêche, dans des soirées dansantes et au cinéma. Mais, au fil des mois, je l'ai senti se désintégrer. J'étais passée du rôle de petite amie à celui de thérapeute. Il voulait à tout prix que je l'aide. Moi, j'avais 18 ans et surtout envie de m'amuser. Nous avions l'habitude de nous allonger sur la plage le soir venu. Un jour, nous étions assis la serviette autour des épaules, et il s'est complètement effondré devant moi. Nous étions en 1965, il avait 19 ans, et il m'a avoué qu'il avait ce "besoin irrésistible de tuer des femmes". Avec le temps, il faut remettre les choses en perspective. Nous étions jeunes, nous avions l'habitude de "déconner" et de dire n'importe quoi. Je manquais d'expérience, j'étais naïve, encore une mineure, presque une enfant. Dans mon esprit, je n'ai pas cru une seule seconde que je me trouvais face à un tueur. J'ai juste pensé que cela m'ennuyait profondément. Je n'étais pas là pour l'écouter parler et se lamenter sur ses problèmes. Je n'avais pas du tout peur, c'est juste que "tout ça" m'emmerdait. Plus je le voyais et plus je m'apercevais que sa part féminine prenait le dessus. »

Au début de l'année 1965, Gerard Schaefer tente d'assassiner son père à coups de club de golf dans le garage de la maison familiale. « J'étais présente lors de cette scène, se souvient Sondra London. Il s'est précipité sur lui. J'ai pu le retenir au tout dernier moment, alors qu'il l'avait déjà frappé à plusieurs reprises à la tête. Sinon, je suis sûre qu'il l'aurait achevé. Il en avait toujours après lui et, entre eux, c'étaient de violentes disputes. Son père qualifiait son épouse de "pute", et cela John ne le supportait pas. Il détestait que l'on dise du mal de sa mère qui était une sainte à ses yeux. Le père de Gerard avait été fait prisonnier par les nazis pendant la Seconde Guerre mondiale, chose qui l'avait beaucoup traumatisé, au point de le faire sombrer dans l'alcoolisme. Parfois, il se réveillait la nuit et commençait à étrangler sa femme. John avait une relation très spéciale avec sa mère. Lors de soirées, je les ai vus danser joue contre joue. On aurait dit un couple d'amoureux. D'après ce que John aurait révélé à certains psychiatres en 1973, il a été autorisé à dormir dans le lit de sa mère jusqu'à l'âge de 16 ans, soit tout juste deux ans avant que je ne fasse sa connaissance. Je pense qu'il a développé ses tendances nécrophiles en couchant dans le lit de sa mère qui était souvent ivre morte. Elle était alors complètement inconsciente et John se satisfaisait sexuellement sur elle à ces moments-là, sans qu'elle s'en aperçoive. Il devait être partagé entre l'excitation sexuelle et un sentiment de honte. Dans son esprit, la culpabilité et l'excitation étaient étroitement liées. »

Sandra Steward supporte de moins en moins de devenir la confidente de son amant qui est constamment agité de crise de larmes et qui ne sait plus comment gérer ses envies de tuer des femmes. « Au moment de notre séparation, j'avais pas mal d'amis masculins qui, tous, le détestaient. Ils ont "comploté" pour me présenter à un lycéen dont le charme m'a complètement envoûtée. Ils avaient senti dans la personnalité de Schaefer quelque chose de malsain que, moi-même, trop naïve, je n'avais pas perçu. Au fil des mois, notre relation s'était détériorée. Sept années plus tard, John prononcera ces mêmes paroles à l'adresse de Nancy Trotter et de Pamela Sue Wells qui parviendront à échapper à ses griffes. Des années plus tard, je lui ai demandé pourquoi il avait renoncé à son plan. Il est resté silencieux un long moment puis il a pris un stylo et du papier pour écrire cette courte nouvelle, "Gator Bait". Un jour, il a pénétré par effraction chez la voisine pendant qu'elle était allée à un rendez-vous. John l'a attendue pendant plusieurs heures et lorsqu'elle est rentrée, elle a embrassé son compagnon qui est reparti. Pour Schaefer, elle s'était comportée comme une "pute" et méritait une punition. Une fois à l'intérieur, il l'a frappée avant de lui uriner dessus et d'écrire *whore* ("pute") au rouge à lèvres sur son corps. Je dois dire qu'à partir de cet instant, je n'arrivais plus à l'apprécier, voire même à l'aimer. Il me dégoûtait, même si la séparation ne fut effective que quelques semaines plus tard.

« A cette époque, Schaefer souhaitait devenir un golfeur professionnel et il était aussi un excellent tireur de ball-trap. Mais il n'a pas réussi et il a décidé de suivre des études de droit afin d'obtenir un diplôme de criminologie. En parallèle, John a suivi des cours d'écriture à l'université de Floride avec un auteur, Harry Crews, connu pour signer des romans de "Southern Gothic"[1]. Schaefer avait pour livre de chevet *Psychopathia Sexualis* de Krafft-Ebing. Il s'intéressait beaucoup à toutes les

1. Harry Crews a été essentiellement traduit en France par la Série Noire.

formes de déviances, se passionnait pour les exécutions et, en particulier, la pendaison. Dès l'âge de 10 ans, John dévorait tous les livres sur le nazisme et leurs exécutions de masse en Russie ou ailleurs, surtout lorsqu'il s'agissait de femmes pendues. Il était passionné par le cas de William Heirens, surnommé "The Lipstick Killer". »

Gerard Schaefer vit très mal cette séparation qu'il considère comme un abandon. Après Cindy en 1964, c'est au tour de Sondra de le « lâcher » en 1965. D'après ce que Schaefer semble insinuer dans un courrier, elle serait partie après le récit d'« une mort semi-accidentelle sur une plage de Fort Lauderdale » qui se serait déroulée avant leur première rencontre. Il aurait eu 16 ou 17 ans, à ce moment-là. Lorsque je la questionne à ce sujet, Sondra évoque une soirée qui prend une sinistre tournure : « Après notre séparation, John s'est mis à me harceler. Des années plus tard, dans une lettre qu'il m'a envoyée de prison, il m'a indiqué qu'il se cachait pour m'observer quand je rentrais chez moi le soir avec mon nouveau boy-friend et qu'il me regardait l'embrasser. Au téléphone, il me disait : "Je vais te retrouver." Une menace à peine voilée. Je me souviens aussi d'un autre événement. J'étais allée assister à un match de football américain au stade de Fort Lauderdale. Comme la plupart des stades aux Etats-Unis, il fallait emprunter un long chemin pour se rendre au parking. J'étais avec une amie quand Schaefer s'est approché au volant de sa voiture : "Veux-tu que je te dépose quelque part ?" J'ai juste dit "non". Des années plus tard, alors que je discutais avec lui dans le parloir de Florida State Prison, il m'a révélé la véritable signification de cette scène somme toute banale : "As-tu jamais eu l'envie de me tuer ? – Ce soir-là, au stade de Fort Lauderdale, si tu avais accepté de monter, je t'aurais tuée." »

Les seuls cours que Schaefer suit avec assiduité au Broward Community College sont les ateliers d'écriture. Son unique ami proche est Mike McGonigle dont il fait la connaissance au collège en 1963. Leur amitié se cimentera durant les années suivantes, malgré le départ de Mike au Viêt-nam et l'Europe dans les rangs de l'US Navy. « John n'aimait vraiment pas son père, explique-t-il. Il adorait écrire et il a publié des nouvelles et des poèmes pour *Pan Lu*, le magazine littéraire du Broward Community College. Plus tard, il a aussi envoyé des récits de chasse et de pêche à des revues professionnelles. C'était vraiment sa passion. »

Au Broward Community College, Betty Owens était professeur de communication et dirigeait le magazine *Pan Lu* : « La première fois que j'ai croisé John Schaefer, c'est quand il a rejoint ce groupe musical "Sing-Out 66", des idéalistes, des altruistes, des gens magnifiques qui ont effectué une longue tournée à travers tout le pays. Ces termes correspondent d'ailleurs à ce que je pense de John. C'était un écrivain très prometteur. Je me souviens très bien d'une nouvelle, *The Yellow Letter*, un récit mystique sur la guerre civile, écrite dans le style de Stephen Crane. »

Toujours tourmenté par ses démons intérieurs et ses envies de tuer des femmes, Schaefer ne peut plus en parler à Sondra et se confie donc à son professeur qui le dirige vers le psychologue de l'établissement, le docteur Neal Crispo. Cet entretien marque à tout jamais cet homme qui l'évoquera huit ans plus tard lors du procès pour meurtre de l'ex-shérif adjoint : « Il voulait s'engager dans l'armée afin de pouvoir tuer "des choses" en toute liberté. "J'adore faire des cartons sur les vaches."

Il m'a expliqué qu'il massacrait du bétail, en décapitant les animaux à la machette avant de violer les carcasses. Je m'occupe tout le temps d'étudiants qui ont des problèmes. J'estimais qu'il avait de sérieuses difficultés émotionnelles, ce qui fait que je l'ai envoyé chez le docteur Adolph Koch. » Professeur de psychologie au collège, le docteur Koch lui recommande un traitement psychiatrique à la clinique Henderson. Dans un entretien au *St. Petersburg Times* en date du 28 mai 1973, Mme Schaefer déclare : « J'ai demandé au psychiatre quel était le problème de John, mais il m'a indiqué qu'il ne pouvait pas me le dire. Si je vous dévoile quoi que ce soit, vous allez chercher. Vous serez soupçonneuse. Il faut le laisser tranquille, ne pas le déranger. Il a indiqué à John qu'il devait écrire tout ce qui lui passait par la tête. C'était supposé l'aider. »

A l'automne 1965, Schaefer termine son premier semestre d'études avant de participer à la grande tournée de son groupe musical. Sponsorisé par le *Nashville Banner*, il est composé d'étudiants du monde entier dont la mission consiste à faire passer un message de « réarmement moral » et de soutien aux troupes américaines qui combattent dans le Sud-Est asiatique. Reçu en grande pompe un peu partout aux Etats-Unis, « Sing-Out 66 » se déplace dans des autobus spécialement affrétés. Le tube du groupe est « Freedom Isn't Free » et partout où ils vont, ils invitent les étudiants à abandonner leurs études pour les rejoindre. « John et quinze autres élèves du Broward Community College sont ainsi partis avec le groupe, explique Mike McGonigle. Il m'a dit que c'étaient des adolescents qui voulaient le bien de l'Amérique. J'étais à Memphis quand j'ai revu John dans son blazer rouge avec le 66 emblasonné en chiffres dorés sur sa pochette. Il a chanté deux ou trois chansons sur scène avec la chorale avant de me retrouver parmi les spectateurs. » La future star de cinéma Glenn Close fait partie de la chorale, mais Schaefer lui préfère Martha Fogg, originaire d'Abingdon, dans le Massachusetts. Ils se fréquentent pendant l'été 1966 et Schaefer envisage de suivre la tournée allemande du groupe, lorsqu'il contracte la rougeole. Il perd contact avec Martha et retourne à ses études en septembre 1966. En 1967, il obtient un diplôme en administration des affaires. « John adorait les Everglades, affirme Mike McGonigle, il y était tout le temps fourré dès qu'il avait quelques heures de liberté. Il détestait les projets immobiliers qui voulaient empiéter sur l'espace sauvage des marais. A chaque fois que John cherchait un emploi, il indiquait toujours sur son CV qu'il avait été guide des Everglades, établi à son compte, entre 1964 et 1970. En fin d'année 1967, on a passé beaucoup de temps ensemble pendant les fêtes de Noël à aller de soirée en soirée. John me présentait toujours aux filles pour m'arranger des coups. » En janvier 1968, il s'inscrit à l'université Florida Atlantic, où il est pensionnaire, afin d'y décrocher un diplôme d'enseignant. Il y retrouve un ami, Jerry Webster, qui a 24 ans et qu'il connaît depuis 1962. Tous les deux partagent le même dortoir à l'université. « Nous adorions la chasse, la pêche et la littérature anglaise », se souvient Jerry Webster, à présent établi en Caroline du Nord. Les notes médiocres de Schaefer ne lui permettent pas d'obtenir son sursis d'appel sous les drapeaux et il reçoit l'ordre de se présenter pour son service militaire en avril 1968. Il laisse une note suicidaire dans son dortoir et s'enfuit pour se cacher. Jerry Webster le retrouve à leur stand de tir favori. « John était quelqu'un qui présentait très bien, une personne pacifique qui détestait toute forme de violence. C'était sa manière à lui d'éviter l'armée. A cette époque, il voyait déjà un psychiatre pour l'aider à se faire réformer. » Le 17 mai 1968, le docteur Raymond Killinger lui fait passer un examen psychiatrique qui ne révèle aucune tendance suicidaire, mais « une sévère désorganisation psychologique et un fort sentiment de frustration ». Plus tard, Schaefer affirme qu'il a été arrêté par la police militaire alors qu'il portait des vêtements de femme, afin de ne pas faire son service. Cependant, on ne trouve aucune confirmation d'un tel événement. L'armée le dispense de service militaire en lui attribuant une classification « 1-Y » pour des raisons « physiques, mentales et morales ». 1-Y signifie qu'il est déclaré apte à servir sous les drapeaux mais seulement en cas de guerre ou d'une urgence nationale.

L'année 1968 marque la rupture de ses parents. Gerard Schaefer Sr. sombre dans l'alcoolisme et profite de son emploi de représentant pour avoir de nombreuses maîtresses. Son fils les qualifie de « putes ». En mai, il est licencié par Kimberly-Clark, tandis que Doris demande le divorce le 2 juillet. Il quitte la maison de manière définitive peu de temps après. Lors de son entretien avec le psychiatre R. C. Eaton, le 9 avril 1973, Schaefer indique que son père a tenté de se suicider avec une arme à feu lorsque lui-même était âgé de 20 ans, ce qui situe cet événement en 1966. Là aussi, je n'en trouve aucune trace ou confirmation, même en prenant en considération le fait qu'il ait pu se tromper d'un ou deux ans. En juillet 1968 toujours, Gerard John Schaefer démissionne de son emploi sur un chantier de construction où il travaille avec Jerry Webster, afin de rejoindre Mike McGonigle qui fait du camping dans l'Ontario et le Michigan où il est accompagné de son jeune frère Gary. Il y reste deux semaines pour pêcher et chasser, jusqu'à son retour en Floride avec sa fiancée Martha Fogg, rencontrée lors de la tournée du groupe « Sing-Out 66 », plus de deux ans auparavant. « Il a rencontré Marty quelque part dans le Michigan, explique Mike McGonigle. Lorsqu'il m'a raconté qu'ils étaient fiancés, je lui ai dit qu'il était dingue. Il ne la connaissait que depuis quelques semaines. » Le couple se marie et s'installe chez la mère de Schaefer à Fort Lauderdale. Tous les deux suivent des cours à l'université Florida Atlantic. Le 27 février 1969, il obtient un poste de professeur remplaçant au lycée Plantation High School. Au bout de quelques semaines, le proviseur le renvoie pour « conduite totalement inappropriée ». En fait, Schaefer profite des cours pour tenter d'imposer aux élèves ses idées politiques et morales. Dans sa lettre de motivation, il écrit : « Je crois qu'un enseignant doit absolument montrer et refléter les attitudes et les standards de la communauté pour laquelle il travaille, car ses actions influencent les enfants dont il a la charge. »

Sans emploi pendant plusieurs mois, il rumine dans la maison de sa mère sur ses échecs répétés en tant qu'aspirant prêtre et professeur. Ses parties de chasse dans les sous-bois des Everglades deviennent de plus en plus fréquentes. Il est intimement persuadé qu'une mission divine lui a été confiée, celle « de détruire les prostituées et les femmes de mauvaise vie pour le bien-être de la société ». Son mariage commence à battre de l'aile, Martha ayant de plus en plus de mal à supporter les jérémiades de son mari. Aux yeux de Jerry Webster, « Martha est un génie. John est aussi très intelligent, mais il veut toujours se mettre en compétition avec les autres. C'était difficile pour lui de vivre avec quelqu'un au QI aussi élevé que Marty. John avait des opinions très arrêtées et il voulait que les autres le sachent ». En septembre 1969, le divorce de ses parents est prononcé. Schaefer reprend ses études et il réussit à nouveau à être nommé professeur à Stranahan High School. Encore une fois, il est renvoyé au bout de quelques semaines à peine, le 11 novembre 1969, Richard Goodhart expliquant que l'apprenti professeur haranguait les élèves avec des discours incohérents et violents : « Je lui ai dit que si jamais il tentait d'avoir un poste qui lui donnerait autorité sur d'autres, je ferais tout mon possible pour qu'il ne soit jamais retenu. » En fin d'année, il abandonne ses études, « à cause de problèmes de couple ». Le 9 avril 1973, il explique au psychiatre qu'on l'a renvoyé « parce qu'on ne voulait engager que des Noirs ».

En mars 1970, Schaefer réintègre l'université Florida Atlantic et, deux mois plus tard, le 2 mai, Martha demande le divorce. La raison ? « L'extrême cruauté » de Gerard John Schaefer. Leur union n'aura duré que six mois. Pour se changer les idées, il décide de partir un mois en Europe et en Afrique du Nord. Il visite Paris, Arles, Avignon et Perpignan. Il traverse le désert du Sahara, notamment pour y acheter des objets d'art pour le compte d'une firme marocaine. Dans plusieurs courriers des années 1990, il laisse entendre qu'il a tué sur quatre continents, mais rien ne permet de confirmer ou d'infirmer ses dires.

Le 8 septembre 1969, Leigh Hainline, l'ex-voisine de Gerard Schaefer, qui le « provoquait » en se déshabillant à sa fenêtre en 1964-1965, disparaît dans des circonstances mystérieuses.

Le 21 août, âgée de 25 ans, Leigh épouse Charles Bonadies. Il s'agit de son second mariage qui, dès le départ, est marqué par de très nombreuses disputes. A l'époque où Leigh rencontre Charles, elle n'habite plus chez ses parents, dans la même rue que Gerard Schaefer, mais dans un immeuble, le Mandalay, réservé aux célibataires, dans le centre-ville de Fort Lauderdale. Les amies proches de Leigh la dépeignent comme quelqu'un de malheureux qui boit beaucoup et qui se drogue. Sa mère indique qu'elle est trop naïve. Pendant leur adolescence, Schaefer est très ami avec Gary, le frère de Leigh. Ils fréquentent tous les trois la piscine des Hainline et Gerard joue souvent au tennis avec Gary. Le jour de sa disparition, Leigh laisse un mot qui précise qu'elle reviendra plus tard pour faire une partie de tennis.

Dans les premiers jours de septembre 1969, Leigh fait part à son mari d'une proposition d'emploi de Gerard Schaefer. Un salaire de 20 000 dollars pour rejoindre la CIA. Le 8 septembre, son mari trouve une lettre de Leigh qui lui indique qu'elle est partie pour Miami. Sa voiture est retrouvée quelques jours plus tard sur un parking de Fort Lauderdale. Interrogé à ce sujet, Gerard Schaefer déclare que Leigh lui a passé un coup de fil pour qu'il l'emmène à l'aéroport, car elle souhaitait quitter son mari et se rendre à Cincinnati. Schaefer accepte de l'accompagner, mais sans plus jamais avoir de nouvelles de Leigh après cet échange téléphonique.

Interrogée par les enquêteurs, Mme Hainline explique qu'elle n'a jamais fait confiance à Schaefer, qui venait tout le temps chez eux sans prévenir. Un incident l'avait marquée, un jour où Gerard et Gary, le frère de Leigh, étaient partis pour aller pêcher en mer. Tout d'un coup, sans raison apparente, Schaefer avait jeté les rames et les deux adolescents avaient été obligés de se laisser porter par la marée pour regagner la rive. Pour elle, il était toujours trop obséquieux et elle le retrouvait en permanence dans les chambres à coucher de leur maison. Prompt à se mettre en colère, il ne semblait s'intéresser qu'au golf, à la chasse et à la pêche. Une semaine avant de s'évaporer dans la nature, Leigh avait adressé un télégramme à Gerard Schaefer dont on ne connaît pas la teneur.

Neuf ans plus tard, cette mystérieuse disparition connaît un rebondissement imprévu avec un indice matériel découvert à quelques mètres du domicile familial des Hainline… Le 11 mai 1978, les autorités identifient un crâne découvert au mois d'avril par des ouvriers qui travaillent sur un canal près d'Amberwood, à Boca Del Mar. Celui-ci est percé par plusieurs impacts de balles et il appartient à la jeune serveuse Leigh Hainline Bonadies.

Lorsqu'il est incarcéré pour un double meurtre, l'ex-shérif insinue à plusieurs reprises qu'il pourrait être à l'origine de la disparition de Leigh Hainline.

Chapitre IV

« PAS DE CORPS, PAS DE CRIME »

Des jeunes femmes – et même deux fillettes – disparaissent dès 1966 alors que Gerard John Schaefer n'a encore que 20 ans. En 1973, lors du procès de l'ex-shérif, le procureur Robert Stone évoque le chiffre de trente-quatre victimes. Pour plusieurs célèbres profilers historiques de l'Académie nationale du FBI à Quantico, tels que John Douglas, Robert Ressler ou Roy Hazelwood, ce nombre peut être aisément multiplié par deux. Selon certaines allusions du tueur en série lui-même, il aurait assassiné plus de quatre-vingts personnes.

Ce qui caractérise les assassinats de Gerard John Schaefer, c'est qu'il a souvent kidnappé deux jeunes filles en même temps. Dans un courrier daté d'avril 1992, qui m'est adressé, il écrit : « Se payer une doublette est bien plus difficile, mais, d'un autre côté, le tueur aura deux fois plus l'occasion de s'amuser. Il peut y avoir des discussions sympas pour savoir laquelle des victimes passera en premier. Lorsque vous avez à votre merci une paire de "bimbolinas", mains et pieds liés, prêtes à une séance d'écorchage à l'arme blanche, aucune de ces petites diablesses n'a envie d'être la première. Et leurs langues se délient à la vitesse de l'éclair pour vous indiquer que c'est leur meilleure amie qui doit mourir en premier. »

Nancy Leichner, 21 ans, est une blonde aux yeux verts qui pèse à peine 52 kilos lorsqu'elle disparaît lors d'un pique-nique avec son amie le 2 octobre 1966, à Alexander Springs, dans la forêt nationale d'Ocala, en Floride. Elle habite à Clearwater chez ses parents et travaille pour Honeywell, tout en espérant devenir hôtesse de l'air. Bien que mariée quelques années plus tard, sa sœur Susan a gardé son nom de jeune fille dans l'espoir qu'un jour sa sœur vienne sonner à sa porte. Avec son frère Robert, ils ont toujours estimé que les enquêteurs n'avaient pas effectué assez de recherches pour retrouver Nancy. Leur père Edward est décédé en 2007, sans savoir ce qui est arrivé à sa fille.

Pamela Ann Nater, 20 ans, est une infirmière brune d'un mètre cinquante-deux et 58 kilos qui travaille à l'hôpital Morton Plant, à Clearwater, lorsqu'elle disparaît, le 2 octobre 1966.

Les circonstances sont étranges car elles sont toutes les deux pieds nus et en maillot de bain, et Nancy ne porte même pas ses lunettes qui lui sont indispensables. Aucune d'entre elles n'a son sac à main. La thèse de la fugue est donc à écarter, d'autant plus que les deux jeunes femmes ne sont pas des amies proches. Elles ne se connaissaient que parce que leurs amis respectifs appartenaient à un club de plongée. Les fouilles durent trois semaines, avant d'être abandonnées, ce que les familles reprocheront aux enquêteurs. Une noyade paraît exclue car les dizaines de plongeurs auraient fini par découvrir les corps. Se sont-elles perdues dans les sous-bois ? Cela semble improbable car les sentiers sont très bien balisés. L'hypothèse d'un alligator, évoquée par certains médias, est absurde car on a peine à croire qu'un animal puisse s'attaquer à deux personnes en même temps. Il ne reste donc qu'une possibilité, celle du kidnapping, suivi de l'assassinat de Nancy et de Pamela.

Seul témoignage, celui d'un jeune garçon qui aperçoit les jeunes filles vers 14 heures, sur un sentier, en compagnie d'un homme coiffé avec une raie sur le côté.

Pour le shérif Willis McCall du comté de Lake, le suspect appartient au club de plongée. Il se focalise sur Craig, l'ex-fiancé de Nancy, car cette dernière fréquente à présent Ben, un autre membre de l'Aquaholics Club. Mais cette piste n'aboutit à rien. Six ans plus tard, Karl McGregory, un détenu, avoue être l'assassin, mais il est incapable de donner des détails sur les deux jeunes femmes, ou sur les circonstances de leur disparition. Il faut attendre l'année 1973 pour que l'unité des *cold cases* du comté de Lake se décide à reprendre l'affaire en main, notamment grâce au sergent Ken Adams.

Celui-ci a été en charge de la brigade des homicides et, en particulier, de tous les *cold cases*. Il a beaucoup enquêté sur la disparition de ces deux jeunes femmes et il se souvient très bien de l'affaire : « Elles se rendaient à Alexander Springs pour participer à une excursion afin de rejoindre leurs boy-friends dans la forêt d'Ocala. Ils faisaient tous partie de l'Aquaholics Club de plongée sous-marine, à Clearwater. L'eau étant trop froide, les deux jeunes femmes avaient décidé d'explorer des chemins forestiers. Vers 15 h 30-16 heures, le groupe était prêt à repartir, mais les deux amis n'ont pas retrouvé leurs compagnes. Au bout de plusieurs heures de recherches, ils ont signalé leur disparition. A un moment donné, elles étaient revenues à leur véhicule car leurs affaires et les paniers de pique-nique étaient à bord.

« Ce n'est qu'au bout de sept ans, en 1973, que le nom de Schaefer est apparu dans le dossier. Mais ce n'était qu'une hypothèse parmi beaucoup d'autres car nous ne pouvions pas prouver qu'il était dans la région d'Ocala en 1966. Dix ans plus tard, en 1983, Schaefer purgeait sa peine de réclusion à perpétuité et il avait engagé une procédure d'appel, ce qu'il faisait à chaque fois. En janvier de cette même année, il a envoyé un courrier à tous les shérifs et responsables judiciaires de l'ensemble des comtés de Floride. C'était une lettre type, tapée à la machine, où il demandait aux différents destinataires d'indiquer s'il était oui ou non un suspect dans des affaires de meurtres qui se seraient déroulées au sein de leurs juridictions respectives. Une démarche déjà complètement inhabituelle, mais surtout, la lettre qu'il nous a envoyée avait un post-scriptum écrit de sa main au bas de la feuille : "Qu'en est-il des deux jeunes femmes 'disparues' à Alexander Springs dans la forêt d'Ocala ? Certains officiers de police et journalistes estiment que c'est moi. Pourquoi ne pas en discuter ?" En mars 1983, un membre de la brigade des homicides s'est rendu au pénitencier pour l'interroger à ce sujet. Un entretien aussi bizarre que le courrier qu'il nous avait adressé. Il prétendait savoir des choses, tout en affirmant qu'il était innocent. Il était visible qu'il tentait de savoir ce que nous savions de son implication dans ces disparitions. Schaefer a joué au chat et à la souris avec l'enquêteur. Par ses paroles, il niait être à l'origine de cette double disparition, mais ses gestes, son regard et son sourire disaient le contraire.

« En 2004, nous avons décidé de rouvrir ce *cold case* et de confier l'ensemble du dossier à un profiler de l'Etat de Floride qui a confirmé de manière définitive nos soupçons quant à la culpabilité de Gerard Schaefer. A ses yeux, l'ex-policier, qui était déjà mort à cette époque, connaissait trop de détails pour ne pas avoir été présent à Alexander Springs. En 1983, notre inspecteur avait demandé à Schaefer s'il était d'accord pour passer au détecteur de mensonges. Il avait dit oui, tout en précisant que le polygraphe "allait soit montrer [sa] culpabilité, soit être peu concluant", ce qui est plutôt bizarre comme réponse. Soit vous êtes innocent, soit vous êtes coupable. Encore une fois, une preuve de son implication.

« Sa méthode consistait à distiller par la parole ou par l'écrit de petits indices, avant de déclarer par la suite qu'il avait inventé ça de toutes pièces. Un vrai "jeu" de manipulation. Nous avions aussi un témoin, un garçon âgé de 11 ans, qui avait vu en 1966 un homme suivre les deux jeunes femmes le long d'un chemin s'enfonçant dans les bois. Nous l'avons interrogé à nouveau des années plus tard. Il se souvenait très bien de l'air déterminé de cet individu qui lui avait paru tendu, comme s'il avait "quelque chose à faire", ce n'était pas quelqu'un de décontracté qui faisait une randonnée. Nous lui avons montré un grand nombre de photos et, devant celle de Schaefer, il nous a dit : non, ce n'est pas lui, il a l'air trop clean. Il nous a dessiné une sorte de portrait-robot de cet individu et lorsque nous sommes allés voir nos collègues du sud de la Floride, son dessin correspondait à 90 % au Gerard Schaefer de 1966 qui n'avait plus du tout le look "clean" d'un beau gosse, tel que Sondra London l'avait connu en 1964-1965. Après la rupture, il s'était laissé aller et son apparence physique était beaucoup moins soignée.

« Le 17 juillet 2007, soit plus de quarante ans après les faits, nos services ont annoncé par un communiqué de presse que cette affaire était résolue, même si nous ne disposons que de présomptions. Pour nous, il ne fait aucun doute que c'est Gerard Schaefer qui a tué ces deux jeunes femmes. Le tueur s'est confessé auprès d'un codétenu, Charles Sizelove, un ancien policier condamné pour escroquerie, alors qu'ils étaient tous les deux incarcérés. Sizelove a pris des notes sur toutes ses conversations avec Schaefer, qu'il a transmises à l'administration pénitentiaire. Il a indiqué à notre informateur qu'il avait kidnappé Leichner et Nater en les menaçant d'un couteau sur le parking d'Alexander Springs et qu'il les avait tuées, avant de les démembrer et de disperser les restes dans les marais pour servir de nourriture aux alligators. Ce parking est très particulier et il faut y avoir été pour en donner des détails aussi précis que ceux que nous a rapportés Charles Sizelove. D'autres témoins de cette double disparition ont été interrogés à nouveau. Dans un rapport du 3 mai 2007, Wade C. Meyers, directeur du Forensic Psychiatry Program à l'université de Floride, conclut par ces mots : "Les preuves indirectes et de nombreux témoignages convergent tous vers un même individu, Gerard Schaefer, qui est très certainement l'assassin de ces deux femmes." Nous savons à présent que Schaefer s'est trouvé à plusieurs reprises dans le centre de la Floride et aux alentours de Daytona Beach durant toute l'année 1966. Mais cette certitude a un goût d'amertume, bien sûr. Nous n'avons toujours pas retrouvé les corps. Les parents de Nater sont décédés, ainsi que le père de Leichner, sans savoir que le meurtrier de leurs filles respectives a été identifié. Pour moi, le cas Schaefer est exceptionnel car je n'ai jamais été confronté à un individu aussi déséquilibré. Un criminel comme lui, on n'en croise qu'un seul dans sa carrière. »

Deux mois après la disparition de Leigh Hainline Bonadies, le 8 septembre 1969, une date qui coïncide avec le jugement de divorce de ses parents, le 18 décembre, c'est au tour de Carmen Marie Hallock de disparaître sans laisser de traces. Cette serveuse brune, âgée de 22 ans, travaille au Round Table Restaurant, sur Oakland Park Boulevard. Elle déjeune avec une amie au centre commercial de Coral Ridge. Elles se quittent à 14 h 30, Carmen indiquant qu'elle a un rendez-vous à 17 heures pour un nouvel emploi comme « agent infiltré travaillant pour le gouvernement ». Ce poste lui a été proposé trois mois plus tôt par un professeur du Broward County Community College. Ce job l'amènerait à beaucoup voyager et lui permettrait de « gagner beaucoup d'argent ». Fragilisée par la perte de ses parents, Carmen Hallock croit dur comme fer à cette opportunité, malgré les mises en garde répétées de sa sœur qui lui affirme qu'elle risque de tomber entre les mains d'un réseau de prostitution.

Le jour de Noël, sa sœur ne la voit pas venir et se rend à son appartement où elle découvre que le chien de Carmen n'a pas été nourri depuis plusieurs jours. Elle est visiblement partie au volant de son véhicule qui sera retrouvé dans un parking quelques jours plus tard.

Chez les Schaefer, alors jeunes mariés, les disputes s'enveniment et atteignent leur point culminant pendant les fêtes. A la moindre incartade, Schaefer n'hésite pas à quitter le domicile de sa mère pour « calmer ses nerfs », explique-t-il. A la pêche ? A la chasse ? Et quel type de « gibier » traque-t-il ?

Onze jours après Carmen Hallock, le 29 décembre 1969, c'est au tour de deux fillettes de disparaître de la surface de cette terre. Peggy Rahn est une blonde aux yeux bleus, d'un mètre trente-deux pour 33 kilos, âgée de 9 ans, qui est emmenée à la plage par une voisine de ses parents. Wendy Brown Stevenson est une brune aux yeux noisette, d'un mètre vingt-sept pour 30 kilos, qui est âgée de 8 ans. C'est son oncle qui l'accompagne à Pompano Beach, à environ 24 kilomètres au nord de Fort Lauderdale. Les deux enfants ne se connaissent pas et se croisent pour la première fois ce jour-là. Elles décident d'aller s'acheter une glace et se rendent sur le parking où est installé un marchand de glaces ambulant. Un témoin les aperçoit en compagnie d'un homme d'une vingtaine d'années, de plus d'un mètre quatre-vingts et pesant dans les 100 kilos, en train de leur acheter une glace.

En avril 1992, Gerard Schaefer m'adresse un courrier dans lequel il fait directement référence à cet événement : « A l'époque, j'étais fasciné par le cas de ce tueur en série cannibale, Albert Fish, qui poussait le vice jusqu'à écrire aux parents de ses petites victimes. Je pense à la petite (et succulente) Gracie Budd. Je suis furieux que l'on me qualifie de meurtrier pédophile. Je vous assure que ces fillettes n'ont pas été molestées sexuellement. Wendy et Peggy se sont trouvées par hasard au mauvais endroit à un moment où j'étais curieux à propos des envies cannibales de Fish pour de la jeune chair fraîche. Je les ai toutes les deux trouvées à mon goût, particulièrement avec des oignons et des poivrons sautés. »

Après son divorce avec Martha Fogg et le mois de vacances qu'il passe en Europe et en Afrique du Nord, Schaefer a besoin d'argent pour payer ses études à l'université et il ne peut plus postuler à un emploi dans l'enseignement. A partir d'octobre 1970, il travaille comme vigile pour Wackenhut Security à la Florida Light and Power où il croise la route d'une secrétaire, Teresa Dolly Dean, avec qui il se fiance. En août 1971, il obtient sa licence de géographie à l'université Florida

Atlantic qui ne lui sert à rien, sans un poste de professeur. Peu après, en septembre, Teresa et lui se marient. Après ses échecs répétés pour devenir prêtre ou enseignant, Gerard Schaefer choisit de se lancer dans une carrière dans la police.

Comme il est diplômé, ce qui est plutôt rare à l'époque pour un policier, il est engagé par le Wilton Manors Police Department, le 3 septembre 1971. Pour suivre la formation d'agent des forces de l'ordre, il retourne au Broward Community College, à l'académie de police. Il réussit son examen final le 17 décembre 1971 et entame ses six mois d'essai en patrouille en solo où il se montre obsédé par l'idée de dresser le plus de contraventions possible. Ses collègues de travail ont peu de sympathie pour lui car il les méprise ouvertement, à cause de ses diplômes universitaires. Il montre à tout bout de champ sa plaque de policier. 90 % des contraventions pour excès de vitesse et problèmes de stationnement qu'il dresse le sont à l'encontre de femmes. Si elles lui plaisent, Gerard Schaefer tente d'obtenir leur numéro de téléphone et un rendez-vous.

Le 4 janvier 1972, Belinda Hutchens, une jeune femme de 22 ans, disparaît à Fort Lauderdale. Cette serveuse et prostituée occasionnelle est vêtue d'une robe rose et de chaussures blanches à talons aiguilles. Son sac ne contient que ses clefs, un peu d'argent et des cigarettes, et elle n'a pas de vêtements de rechange lorsqu'elle monte à bord d'un véhicule conduit par un jeune homme de grande taille au volant d'une Datsun de couleur bleue. A cette époque, Gerard Schaefer possède un véhicule du même type. Quelques mois plus tard, son mari Bill identifiera l'homme, sur photo, comme étant Schaefer. Belinda le connaissait car son époux lui avait posé une question « sur ce Schaefer » et elle lui avait répondu qu'il « était OK ». Arrêtée pour prostitution en 1970 à Fort Lauderdale, elle avait dû régler une amende de 250 dollars.

Avant de venir en Floride, Belinda vivait à Baltimore au sein d'une famille dont le père parvient tout juste à joindre les deux bouts à cause de problèmes cardiaques. Deux de ses frères sont décédés de mort violente. Elle commence à se prostituer dès l'âge de 14 ans dans un bar à hôtesses. Elle a déjà été mariée jeune avant de divorcer et de faire la connaissance de Bill qui est drogué et travaille dans une station-service. Elle a alors 18 ans. Après leur mariage, Belinda décide d'arrêter la prostitution, mais elle replonge lorsque leur situation financière devient difficile. Elle gagne entre 40 000 et 60 000 dollars par an et n'a pas de proxénète. Dans une interview au *Palm Beach Post* en 1973, Bill Hutchens dit avoir approuvé le style de vie de son épouse disparue. « Elle devait beaucoup m'aimer pour avoir fait ça. Pour elle, c'était un métier comme un autre. »

Le prénom « Belinda » apparaît dans plusieurs des écrits de Gerard Schaefer. Belinda Hutchens ne sera jamais retrouvée, et le 4 janvier 1972 reste l'ultime fois où Bill et leur fille de 2 ans la verront.

Sandra Steward (Sondra London) connaît fort bien cette période de l'existence de son ex-petit ami pour en avoir souvent discuté avec lui lors de leurs retrouvailles en 1989, alors qu'il est incarcéré à la prison d'Etat de Floride : « Quand il était shérif adjoint à Wilton Manors, il y a eu un événement qui n'a pas fait l'objet d'un rapport, mais dont j'ai eu connaissance par ses collègues. Schaefer avait enlevé un vieillard dont il avait ligoté les chevilles pour le suspendre du haut d'un pont, la tête en bas, de sorte que le sommet de son crâne touche les flots. Et, lorsque la marée monterait, l'homme serait mort noyé. Heureusement, il a pu être secouru à temps. Cet incident a été caché par les autorités et Schaefer n'a pas été poursuivi. J'ignore pourquoi. Et quel était son but ? Affiner un mode opératoire ? Ou l'homme s'était-il moqué de lui, d'une manière ou d'une autre ? Schaefer s'est-il senti obligé de lui "donner une leçon" ? C'était d'ailleurs l'une de ses expressions favorites, "donner une leçon". »

Debora Sue Lowe est une femme brune de 23 ans, d'un mètre soixante-cinq pour 62 kilos, qui habite à Pompano Beach, là où les deux fillettes, Wendy Stevenson et Peggy Rahn, ont disparu le 29 décembre 1969. Plus de deux ans plus tard, le 28 février 1972, elle disparaît à son tour. Elle se dirige à pied vers Rickards Middle School sur Sunrise Boulevard lorsqu'elle est aperçue pour la dernière fois. Il est entre 7 h 30 et 8 h 30 du matin. Elle porte une blouse jaune, un pantalon noir à rayures roses et un poncho marron. Deux témoins indiquent avoir vu un véhicule rouler au ralenti le long du trottoir où marche Debora. La voiture pourrait être une Datsun bleue et le conducteur, un homme de 25-30 ans, de grande taille.

Dans un premier temps, les enquêteurs pensent à une fugue car Debora vient de s'installer dans la région avec sa famille, après avoir déménagé. Ses proches estiment l'hypothèse ridicule car elle a laissé derrière elle toutes ses affaires personnelles. Les policiers vont même jusqu'à insister auprès des parents afin qu'ils valident cette théorie lorsqu'ils sont interrogés par les journalistes. Eva, la sœur de Debora, affirme que la police n'a jamais réellement mené des investigations. Lorsqu'elle obtient enfin une copie du dépôt de plainte, celui-ci contient des informations erronées. M. Lowe, le père, y indique, noir sur blanc, que Debora est partie à

Palestine, en Virginie, car elle n'a pas d'amis en Floride et que ses parents lui interdisent toute sortie avec des hommes. Le père meurt de chagrin en 1976. Plus personne ne reverra jamais Debora Sue Lowe.

Le chef de la police de Wilton Manors est mécontent de son nouvel adjoint : « Il n'avait pas un gramme de bon sens dans sa tête. Un jour, il était supposé réguler le trafic après un accident. Pendant que mon sergent recueillait les témoignages, Schaefer mangeait tranquillement un paquet de chips, adossé à un lampadaire. Vous savez, lorsque vous dirigez vingt-six policiers, les rumeurs circulent vite. Aucun de mes hommes ne se sentait en confiance en sa présence. » Le 16 mars 1972, le chef Scott se prépare à licencier son agent lorsque Schaefer procède à une importante arrestation dans une affaire de drogue. Mais les « stupides erreurs » de jugement se poursuivent à un rythme accéléré et, le 19 avril, son patron le convoque à nouveau pour lui remonter les bretelles. Les larmes aux yeux, Schaefer le supplie de surseoir à sa décision. Quelques heures plus tard, il se rend dans un commissariat de Fort Lauderdale pour un entretien oral afin d'y décrocher un emploi. Manque de chance pour Schaefer, son interlocuteur passe un coup de fil au chef Scott pour lui indiquer que son employé s'est plaint de son attitude. Lorsqu'il retourne au poste de police de Wilton Manors, on lui ordonne de restituer ses uniformes et son arme de service. « J'aurais cent fois préféré enfiler à nouveau le costume de patrouilleur que de laisser un type tel que Schaefer arpenter les rues. »

Le 30 juin 1972, Gerard Schaefer réussit enfin à se faire engager par le shérif Robert Crowder dans le comté de Martin, grâce à une très élogieuse lettre de recommandation du chef Bernard Scott du Wilton Manors Police Department. Ce n'est qu'après l'inculpation de

Schaefer, pour la double tentative de kidnapping de Nancy Trotter et Pamela Sue Wells, que Crowder se rendra compte qu'il s'agit d'un faux. Lorsque Schaefer est arrêté le 23 juillet, c'est son supérieur Robert Crowder qui mène les premières investigations. Il est un acteur majeur dans cette affaire et je le rencontre à deux reprises, en mars 2008 et en décembre 2009, pour évoquer la personnalité de Gerard John Schaefer : « Je suis en poste dans le comté de Martin depuis décembre 1992. Avant cela, j'ai été shérif adjoint dans le comté de Sainte-Lucie, toujours en Floride, pendant huit ans. Et avant cela, j'ai été en charge de toutes les enquêtes criminelles pour le comté de Martin pendant dix années, à Stuart. En 1972, j'étais déjà shérif ici, mais par intérim, poste que j'ai occupé pendant plus d'un an alors que je dirigeais tous les policiers de Stuart. J'ai gravi tous les échelons depuis 1965, standardiste, technicien de scène de crime, gardien à la prison du comté.

« J'ai rencontré Gerard Schaefer pour la première fois en juin 1972 alors qu'il postulait à un emploi de shérif adjoint. A cette époque, il était officier de police à Wilton Manors, dans le comté de Broward. Il possédait un diplôme d'université, ce qui était plutôt rare en 1972 chez les policiers. Au départ, il nous est apparu comme très charismatique avec un sourire qui inspirait confiance. Plus tard, nous nous sommes rendu compte qu'il avait un tout autre visage. Il a travaillé chez nous pendant vingt-huit jours, avant de connaître de sérieux problèmes. Je m'en souviens très bien, c'était un samedi matin. Il m'a téléphoné alors qu'il n'était pas en service. J'étais chez moi en train de tondre la pelouse. Le téléphone sonne, ma femme décroche et vient me chercher. C'était Schaefer au bout du fil. Sa voix tremblait, comme un enfant qu'on vient de prendre les doigts dans le pot de confiture. Une attitude assez typique du sociopathe qu'il était et qui possédait la capacité de changer d'attitude en un quart de seconde. Il savait qu'en laissant s'enfuir Nancy Trotter et Pamela Sue Wells, nous allions les retrouver et qu'il aurait de graves ennuis. Du coup, il a préféré prendre les devants. Il m'a tout de suite dit : "Vous allez vraiment être en colère après moi. J'ai fait une bêtise. Hier, vendredi, j'ai croisé la route de ces deux jeunes adolescentes qui faisaient de l'auto-stop. Je me suis arrêté pour leur parler avant de les conduire en ville. En chemin, je leur ai indiqué qu'elles devaient faire attention parce que l'auto-stop pouvait se révéler dangereux. Elles ont rigolé et se sont moquées de moi. Je me suis arrangé pour leur donner rendez-vous aujourd'hui, afin de m'assurer qu'il ne leur arrive rien de mal. Je les ai emmenées à Hutchinson Island." Le choix de ce lieu n'était pas innocent, explique le shérif Crowder, car en 1972, il n'y avait quasiment personne qui habitait là-bas. Schaefer poursuit ses explications : "Dans les bois, j'ai voulu leur faire peur en leur donnant une leçon. J'ai dit que j'allais les vendre à un réseau de traite des Blanches, je les ai ligotées à un tronc d'arbre et leur ai passé un nœud coulant autour du cou. Je voulais vraiment les effrayer, du coup j'ai quitté les lieux pour leur laisser le temps de réfléchir. Mon but était de revenir quelques heures plus tard pour les libérer. Mais elles avaient réussi à défaire leurs liens et à s'enfuir."

« J'ai tout de suite ordonné à Schaefer de se rendre au commissariat pour rencontrer le sergent en charge et lancer des recherches pour retrouver les deux adolescentes. J'ai foncé à bord de mon véhicule pour me rendre à Hutchinson Island. Le long de la rivière, j'ai aperçu une silhouette qui courait. C'était l'une des deux jeunes femmes qui était totalement hystérique. Elle avait encore les mains liées dans le dos. Mon sergent m'avait rejoint et nous avons tenté de la calmer et de la rassurer. Nous l'avons ramenée au poste et je suis retourné sur place pour essayer de retrouver la seconde. Je l'ai repérée dans une petite baie qui faisait environ huit cents mètres de long. Elle avait de l'eau jusqu'à la poitrine. Là aussi, ses poignets étaient encore liées dans le dos. Les deux auto-stoppeuses n'étaient pas dévêtues et elles avaient réussi à défaire le nœud coulant qui leur enserrait le cou, la corde étant fixée à une épaisse branche horizontale. On l'a détachée, avant de lui donner de quoi se sécher et un de mes agents l'a conduite au commissariat. Elles ont toutes les deux fait à peu près le même récit que Schaefer, sauf qu'il s'était bien gardé me dire qu'il avait pratiqué sur elles des attouchements sexuels et qu'il leur avait pincé les fesses avec violence, tout en se moquant d'elles. Après leur témoignage, j'ai convoqué Schaefer dans mon bureau pour le virer sur-le-champ. Il a été incarcéré et mis en examen pour enlèvement. A ce moment-là, nous n'avions pas connaissance d'autres faits criminels qu'il aurait pu commettre par le passé. Malheureusement, il a été relâché contre le paiement d'une caution dans l'attente de son procès et, durant cette période, Schaefer a assassiné deux autres jeunes femmes, ce qui a été une véritable tragédie lorsque nous l'avons appris.

« Pourquoi Schaefer a-t-il quitté les lieux en les laissant seules ? Je pense qu'il voulait aller chercher son appareil photo pour conserver des "souvenirs", comme certains des clichés qui ont été découverts au domicile de sa mère à Fort Lauderdale. Pendant son court séjour à Stuart, il avait loué un petit appartement sur

East Ocean Boulevard où il vivait avec son épouse. Au commissariat, malgré son sourire de façade, Schaefer n'était pas apprécié par ses autres collègues qui trouvaient qu'il faisait preuve d'arrogance. On sentait qu'il était "différent", mais on était loin de se douter à quel point. Un loup solitaire.

« Lorsque j'ai lu les témoignages de ces deux jeunes femmes, j'ai tout de suite pensé que ce n'était pas la première fois qu'il agissait de cette façon, et qu'il était peut-être un serial killer, même si ce terme n'existait pas encore à l'époque. Tout était trop bien rodé, organisé, jusqu'au choix de cette journée de samedi, son jour de repos, mais aussi où sa femme avait pris rendez-vous chez un dentiste à Fort Lauderdale. Il avait donc tout le temps nécessaire pour agir et éventuellement assassiner ces deux auto-stoppeuses.

« Les deux jeunes femmes sont ensuite retournées au Texas pour reprendre leurs études. Elles m'ont poursuivi en justice et ont touché des dizaines de milliers de dollars de dommages et intérêts car Gerard Schaefer était l'un de mes officiers, sous mes ordres directs.

« Schaefer était non seulement un psychopathe, mais il cherchait toujours à manipuler son interlocuteur. Il parsemait son discours de menaces voilées. Je me souviens qu'une fois nous discutions du boulot et j'ai eu tout d'un coup l'impression que nos rôles s'étaient inversés, que c'était lui le shérif et moi le subordonné. Une sensation étrange qui est à jamais restée ancrée en moi. C'était quelques jours à peine avant son coup de fil du samedi matin. A mes yeux, Gerard Schaefer était un individu excessivement dangereux. Il affirmait avoir été piégé par le procureur Robert Stone, mais il a également accusé son propre avocat Elton Schwarz d'être complice d'un complot destiné à le faire exécuter par l'Etat de Floride. Il m'a aussi menacé de mort à cause de mon implication dans cette affaire. C'est la seule fois dans mon existence de policier où je me suis préparé psychologiquement à le tuer si j'apprenais un jour qu'il avait été libéré ou qu'il s'était évadé. Et, croyez-moi, je l'aurais fait sans la moindre hésitation. Des personnalités telles que Schaefer ne se rendent pas toujours compte qu'elles peuvent intimider une personne, voire la terroriser. Mais si vous faites peur à quelqu'un comme moi, vous vous mettez vous-même en danger de mort. Il a également menacé le juge Trowbridge qui avait présidé à son procès. J'ai compris que ma préparation psychologique en cas de confrontation n'était pas vaine.

« Je n'ai jamais compris pourquoi son cas n'est pas aussi connu que celui d'un Ted Bundy ou d'un Jeffrey Dahmer car en Floride, les médias ont souvent fait la une avec lui. Sans parler des tabloïds consacrés aux affaires criminelles. Robert Ressler, le célèbre profiler du FBI, en a parlé dans son best-seller *Chasseur de tueurs*. Je me souviens même d'un contact établi entre Stephen King et Gerard Schaefer qui devait déboucher sur un projet commun. Schaefer a toujours affirmé que ses écrits étaient pure fiction, mais nous nous sommes rendu compte, au fil des années, qu'il avait réellement vécu toutes les pratiques abominables décrites dans ses nouvelles[1]. Schaefer ferait un excellent sujet d'étude sur les perversions sexuelles et la psychopathie. Question paraphilies, Schaefer les possédait toutes. C'était aussi un masochiste qui aimait à se photographier dans les

1. Une nouvelle de Gerard Schaefer est incluse dans une anthologie dont Stephen King est l'auteur.

bois en se plaçant dans la position de ses victimes ; il adorait se travestir en portant les sous-vêtements souillés des femmes qu'il avait tuées.

« Pendant qu'il était au lycée ou à l'université, Gerard Schaefer a fait un voyage en Afrique du Nord, qu'il évoque dans ses écrits, où il fait allusion à des crimes qu'il aurait commis au Maroc. Dans un manuel du FBI consacré aux serial killers, et qui est cosigné par Robert Ressler, Roy Hazelwood et Roger Depue, Schaefer a réécrit certains passages, notamment ceux consacrés à la manière d'interroger un tueur en série. Il y indique comment l'agent du FBI doit se comporter, quels vêtements il doit porter, et si le criminel est un sadique quelles questions il doit poser. Il est certain que ses remarques seraient intéressantes à suivre. »

Mis en examen pour la double agression de Nancy Trotter et Pamela Sue Wells, Gerard Schaefer est libéré contre une caution de 15 000 dollars, dans l'attente de son procès. Il a du mal à trouver un emploi et travaille pendant de courtes périodes dans deux épiceries. Lors de son procès le 22 décembre 1972, il plaide coupable pour voies de fait aggravées et écope d'une condamnation à six mois de prison, avec la possibilité d'une réduction de peine s'il contribue à des travaux d'utilité publique. Il est incarcéré le 15 janvier 1973. Son compagnon de cellule à la prison du comté de Martin, Emerson « Gene » Floyd, le côtoie pendant six semaines : « Schaefer passait son temps à écrire. Il ne nous laissait rien lire. Il écrivait allongé sur sa couche et nous lisait à voix haute ce qu'il avait pondu. C'était toujours des histoires abominables, à vous faire dresser les cheveux sur la tête. Le 1er avril 1973, la radio nous a appris la découverte des corps de deux jeunes femmes qui avaient disparu. Schaefer s'est redressé, livide. Il n'a rien dit et s'est contenté de déchirer tous ses textes en minuscules morceaux qu'il a jetés dans les toilettes. Et il ne nous a plus rien lu du tout. »

Chapitre V

TROIS DOUBLES MEURTRES

Lorsque Schaefer est relâché sous caution, il retourne dans la maison de sa mère Doris, à Fort Lauderdale. Deux mois s'écoulent, quand le 27 septembre 1972, deux autres adolescentes disparaissent à Fort Lauderdale. Georgia Jessup, 16 ans, et son amie Susan Place, 17 ans, indiquent à la mère de cette dernière qu'elles vont à la plage pour jouer de la guitare en compagnie de l'ami de Georgia, un certain Jerry Shepard. Ira Place n'aime pas cet homme qu'elle trouve trop âgé pour sa fille et qui fait toujours preuve d'une grande politesse, « quelqu'un d'obséquieux », dira-t-elle. Georgia parlait souvent de partir avec lui au Mexique ou dans le Colorado. Toujours est-il qu'elle sort sur les talons des deux jeunes adolescentes qui montent à bord du véhicule de Jerry Shepard dont elle relève le numéro de la plaque d'immatriculation. Elle note « 24 », mais elle croit en fait avoir écrit « 42 ». Le chiffre 24 correspond au comté de Sainte-Lucie, tandis que le 42 appartient au comté de Martin. C'est la dernière fois qu'elle voit les deux jeunes femmes vivantes. Son erreur ne permet pas d'identifier un quelconque propriétaire de voiture lorsqu'elle dépose plainte. Constatant que sa fille ne revient pas, Ira Place prévient le commissariat de police d'Oakland. Susan avait un petit ami que la mère ne connaissait pas, mais qui résidait à l'Ocean Mist Motel au 1500 Ocean Drive. Elle indique à l'officier de police que sa fille est épileptique et qu'elle ne serait jamais partie plusieurs jours sans ses médicaments. Elle ajoute que Susan souffre de troubles mentaux et qu'elle prend de la drogue, notamment de l'héroïne. Son casier judiciaire comprend plusieurs arrestations, elle a déjà fugué à deux reprises, ce qui explique pourquoi elle n'a pas immédiatement prévenu les autorités de sa disparition.

Un mois et un jour plus tard, le 28 octobre 1972, deux adolescentes âgées de 14 ans, Elsie Lina Farmer et Mary Alice Briscolina, sont aperçues se dirigeant à pied vers un restaurant populaire de Fort Lauderdale. Un témoin affirme qu'elles faisaient de l'auto-stop. On ne les reverra plus. Les parents d'Elsie alertent les autorités le jour même. Ceux d'Alice laissent passer une semaine car leur fille avait déjà fugué auparavant et elle parlait souvent de quitter la région.

Deux jours après que Schaefer a été incarcéré, les restes d'Elsie Farmer sont découverts sur un chantier de construction proche de Plantation High School, le 17 janvier 1973. Ceux d'Alice Briscolina sont mis au jour le 15 février 1973, à moins de deux cents mètres. Toutes deux sont identifiées grâce à leurs dossiers dentaires. Dix-huit ans plus tard, Gerard Schaefer fait référence à ces assassinats dans une lettre où il évoque ses textes de « fiction » : « Et qu'est-ce que vous croyez ? Vous êtes vraiment des barjots ? De quels crimes suis-je accusé ? Lesquels suis-je supposé avouer ? Farmer ? Briscolina ? Qu'est-ce que vous croyez ? Que "Murder Demons", c'est de la fiction ? Vous voulez à tout prix des "aveux", mais vous n'êtes même pas capable de les reconnaître, y compris quand je vous en tartine une couche. »

Gerard John Schaefer ne sera jamais mis en examen pour ces deux meurtres.

En décembre 1972, Colette Goodenough et Barbara Ann Wilcox, 19 ans, quittent Sioux City, dans l'Iowa, pour rejoindre la sœur de Colette à Biloxi, dans le Missouri, en auto-stop. Le 8 janvier 1973, cette même sœur dépose les deux jeunes femmes au bord de la Highway 90. Leur but ? Rejoindre la Floride pour visiter Disney World à Orlando. Personne ne sait pourquoi elles se retrouvent à Port Sainte-Lucie, une tranquille communauté balnéaire, qui se situe à deux cents kilomètres d'Orlando et à environ cent quarante kilomètres de Fort Lauderdale. Elles disparaissent sans laisser la moindre trace. Personne ne semble s'inquiéter de leur disparition avant plusieurs semaines. La fiche de recherches enregistrée à Sioux City, dans l'Iowa, se retrouve sur le bureau du commissariat de Port Sainte-Lucie.

Lors de la fouille de la maison de Doris Schaefer, le 7 avril 1973, sont découverts le permis de conduire de Barbara Ann Wilcox, ainsi que le passeport et le journal intime de Colette Goodenough. En l'absence du corps des disparues, rien ne permet d'inculper Gerard Schaefer pour leur assassinat. « Pas de corps, pas de crime », comme il se plaît à le répéter.

Le 5 janvier 1977, des ossements et restes humains sont découverts dans les sous-bois du canal C-24 qui deviendra, quelques années plus tard, l'Oak Hammock Park. Le 14 janvier 1977, le journal *Stuart News* peut titrer « *New Schaefer Probe Could Be Launched with Link to Bones* » (« Ouverture d'une nouvelle enquête sur Schaefer avec la découverte d'ossements »). Quatre jours plus tard, le *Stuart News* confirme : « *Remains*

Found In PSL. Those of Iowa Teen » (« Les restes découverts à Port Sainte-Lucie appartiennent à l'une des disparues de l'Iowa »). Le docteur Eric Koppleman, du département d'anthropologie légale de l'université de Floride, identifie la dentition comme étant celle de Barbara Ann Wilcox. Malheureusement, l'autopsie ne permet pas de déterminer la cause des décès et s'il s'agit d'une mort violente. Aucune charge n'est retenue à cette époque à l'encontre de Gerard Schaefer.

Cette double disparition va, malgré tout, connaître un rebondissement en octobre 1985. C'est une époque où Gerard Schaefer quitte la prison d'Avon Park pour le couloir de la mort de Florida State Prison, à Starke. Un enquêteur du bureau du procureur du 19e Circuit judiciaire, Rick McIllwain, publie un communiqué de presse où il indique avoir trouvé « un lien direct » entre Gerard Schaefer et les disparitions de Barbara Ann Wilcox et Colette Goodenough. Si ce lien était confirmé, en cas de condamnation de l'ex-shérif, cela pourrait lui valoir la peine de mort, un châtiment qui n'existait plus dans l'arsenal judiciaire lors de son procès en 1973. Entre 1972 et 1976, la Cour suprême des Etats-Unis a suspendu l'application de la peine de mort dans tout le pays, estimant que c'était un châtiment cruel. Pendant cette période, plus aucune personne ne pouvait écoper de cette condamnation.

En 1981, lors du drainage des eaux du canal C-24, à Port Sainte-Lucie, un crâne est découvert. Reprise dans tous les journaux locaux, cette information parvient à un codétenu de Schaefer à la prison de Starke. Celui-ci confie aux autorités que l'ex-shérif adjoint lui a avoué les meurtres de Goodenough et de Wilcox.

Gerard Schaefer est en isolement dans cet établissement. Il n'a pas accès à la télévision, mange ses repas dans sa cellule, ne peut lire que certains livres et il a droit à une unique douche et promenade par semaine. Mais, encore une fois, ses talents de manipulateur font merveille. Il se plaint de vertiges et est admis dans un hôpital pénitentiaire, le Lake Butler Medical Reception Center, de la mi-décembre 1987 jusqu'au 30 décembre. A son retour à Florida State Prison, son régime d'isolement est supprimé.

Chapitre VI

AVRIL 1973 : LA DÉCOUVERTE

Le dimanche 1er avril 1973, Calvin Holley et son fils Jessie Joe se mettent en quête de canettes en aluminium à recycler, le long de la State Highway A1A, à Hutchinson Island. Blind Creek est un endroit particulièrement isolé qui se situe entre l'autoroute et l'océan, avec un sentier rocailleux qui serpente au milieu des mangroves et d'une végétation très touffue, à environ deux cent cinquante mètres au nord de la centrale nucléaire. Au fil de leurs recherches, ils découvrent des ossements et des vêtements éparpillés autour d'un trou. De retour à Stuart, ils préviennent les autorités du comté de Martin et de Port Sainte-Lucie. Il est 13 h 30 lorsque les premiers enquêteurs arrivent sur place, sous l'autorité de l'inspecteur Jack Sewell. Deux torses, un pelvis et une jambe sont retrouvés. Non loin de là, la partie inférieure d'un cadavre est revêtue d'un blue-jean. Le pantalon est orné de plusieurs motifs cousus, un hibou, une demi-lune, une étoile de David et un coucou de Californie. Ce sont ces éléments qui permettront plus tard l'identification du corps. Près de ce qui semble avoir été une tombe à moitié creusée, deux robes et une chaussure noire sont mises au jour. Des vertèbres, une chemise de nuit rose et l'autre chaussure noire sont ensevelies dans le sol. Mais, à la fin de cette première journée de fouilles, il manque toujours les têtes, et l'identité de ces deux cadavres demeure un mystère.

Le 3 avril 1973, vingt-cinq hommes se déploient sur un vaste périmètre. Ils sont aidés par une pelleteuse et un hélicoptère. Par une curieuse coïncidence, le chef de la sécurité de la centrale nucléaire n'est autre que l'ancien supérieur de Gerard Schaefer, Robert Crowder. Lui aussi participe aux recherches. A 9 h 45, on récupère un crâne enfoui dans la boue, puis des dents dépareillées, des morceaux de mâchoire et deux longues mèches d'une chevelure blonde. Il manque toujours une main et le second crâne.

Un médecin légiste qui assiste les enquêteurs estime que les corps sont restés quatre à six mois sur place et que ces restes appartiennent à des jeunes filles âgées de 15 à 18 ans. Les jambes de l'un des cadavres ont été tranchées à l'aide d'une hache ou d'un couteau de boucher. Sur l'un des troncs, quelqu'un a gravé les initiales « GJ » ou « CJ ».

Depuis la disparition de leur fille Susan, les époux Place sillonnent la région pour tenter d'identifier « Jerry Shepard » ou son véhicule. Un jour, alors qu'ils roulent sur l'autoroute US1, Ira Place remarque les nombreuses plaques d'immatriculation qui débutent par le chiffre 42. Elle a une illumination et se rend compte qu'elle a peut-être commis une erreur le 27 septembre 1972 lorsqu'elle a noté le chiffre 24. Mme Place se rend au commissariat du comté de Martin où on lui apprend que la plaque est celle d'une voiture appartenant à un ancien employé des forces de l'ordre, incarcéré pour une double tentative d'enlèvement. Une séance de tapissage permet de reconnaître sur-le-champ « Jerry Shephard » qui est bien Gerard John Schaefer. Les motifs du jean de sa fille entraînent l'identification des restes découverts le 1er avril. Et la dernière personne à avoir été vue en compagnie de Georgia Jessup et de Susan Place est, de toute évidence, Gerard Schaefer.

Quelques jours à peine après l'identification des corps de Susan Place et Georgia Jessup, Henry Dean, qui est officier de police et le frère de Teresa, l'épouse de Gerard Schaefer, téléphone au lieutenant David Yurchuck pour lui annoncer qu'il possède des informations concernant son beau-frère. « Il y a quelques mois, Gerard Schaefer m'a demandé de déménager toutes les affaires qu'il avait dans son appartement de Stuart pour les déposer à Fort Lauderdale dans la maison de sa mère. Et il a donné un sac à ma sœur. »

Une fois entre les mains des autorités judiciaires, ce sac est montré aux familles Place et Jessup. La mère et la sœur de Georgia l'identifient de manière formelle comme ayant appartenu à leur sœur assassinée. Cette information, couplée au témoignage de la mère de Georgia et à la double tentative d'enlèvement de Nancy Trotter et Pamela Wells, permet à un juge de délivrer un mandat de perquisition aux juridictions des comtés de Broward, de Martin et de Port Sainte-Lucie, afin de fouiller l'appartement de Schaefer à Stuart, ainsi que la maison de sa mère à Fort Lauderdale. Rien n'est trouvé au domicile de Teresa Dean Schaefer à Stuart, par contre chez Doris Schaefer, la pêche du 7 avril 1973 est fructueuse.

Dans l'ancienne chambre à coucher de Gerard Schaefer, les trois officiers Carruthers, Ragucci, Pete Renge et le sergent Chuck Hemp découvrent une masse considérable de photos, de papiers, d'objets, de restes humains, de papiers d'identité, de bijoux et d'armes entassés dans un énorme coffre de voyage et dans des cartons empilés un peu partout. Dans la salle à manger, le lieutenant

Yurchuck est attablé avec Doris Schaefer et, à chaque fois que ses hommes lui apportent ces trouvailles pour qu'il les inventorie, il demande si elle reconnaît les jeunes femmes qui figurent sur les clichés. Invariablement, la mère du suspect répond par la négative.

Voici cette liste qui est publiée dans son intégralité pour la première fois, et qui montre les obsessions du criminel :

SCELLÉS I

Item A – Un livre de poche, *History of Torture* (dans une boîte du placard, côté nord)[1]. Sur la page de garde, le nom de Schaefer. Une note sur papier de couleur rose est attachée à la couverture : « à John de la part de Cindy » (Carruthers).

Item B – Un classeur papier contenant dix-sept bandes de négatifs photographiques de femmes nues (tiroir de la table de nuit, côté nord – Carruthers).

Item C – Une enveloppe adressée à Schaefer de la part de Candar Pub. Corporation[2], Valleystream, en date du 15 mai 1970, contenant deux pages. Un en-tête marqué FAU[3] avec une note épinglée, indiquant « Nous ne pouvons pas vous renseigner à ce sujet ».

1. Cet ouvrage a été écrit en 1969 par John D. Swain. Il contient des descriptions détaillées des tortures à travers les âges avec, notamment, 39 pages consacrées à la pendaison.

2. Candar Publishing est un groupe de presse créé en 1956 qui s'est spécialisé dans les magazines masculins, ce qu'on appelle les « sweats » (*to sweat* signifie transpirer). Ils publient des revues sur les faits divers avec, presque toujours, en couverture des femmes dénudées qui sont violentées et torturées. L'une de ces revues est spécialisée dans les récits de tortures nazies.

3. FAU pour l'université de Florida Atlantic où Schaefer fait ses études.

Le courrier de Schaefer demande s'ils possèdent des revues avec des femmes exécutées qui portent des sous-vêtements en caoutchouc (tiroir de la table de nuit, côté nord – Carruthers).

Item D – Une enveloppe avec l'adresse FAU contenant quatorze photographies noir et blanc des fesses et du sexe d'une silhouette revêtue de sous-vêtements féminins (tiroir de la table de nuit, côté nord – Carruthers).

Item E – Un petit flacon contenant deux dents[1] avec des plombages en or (tiroir de la table de nuit, côté nord – Carruthers).

SCELLÉS II

Item A – Négatif d'un film Kodak, quatre clichés en rouleau, avec le numéro 5584 sur ce qui ressemble à des fesses et un sexe de femme (chambre à coucher, côté nord-est – Pete Renge).

SCELLÉS III

Item A – Une boîte de menottes vide avec V 17093 estampillé sur le fond et le prix de 6.95 $ – de la marque « Detective » (commode, côté nord – Carruthers).

Item B – Un canif avec un manche en imitation os de couleur noire (table de nuit, côté nord – Carruthers).

1. Ces dents seront identifiées comme ayant appartenu à Colette Marie Goodenough, 19 ans, qui a disparu, avec son amie Barbara Ann Wilcox, en janvier 1973. Leurs restes seront découverts en 1977 près du canal C-24, à Port Sainte-Lucie.

Item C – Un canif, manche en os brun (table de nuit, côté nord – Carruthers).

Item D – Un canif de la marque Ballow, manche marron (table de nuit, côté nord – Carruthers).

SCELLÉS IV

Item A – Sept pages tapées à la machine agrafées, avec des notes manuscrites sur certaines pages. Récit d'une pendaison de femme, dans une zone marécageuse ; la victime est nue, avec une taie d'oreiller sur la tête, un nœud coulant autour du cou, le criminel l'habille d'un linceul et terrorise la femme en lui annonçant comment elle va mourir. Descriptions de plusieurs épisodes avec des femmes. Raconte sa vie, ses expériences sexuelles et perversions (chambre à coucher, côté nord – sergent Chuck Hemp).

Item B – Une lettre manuscrite de cinq pages sur du papier à en-tête « Distribution Service Form ». Décrit en détail le meurtre d'une femme non identifiée habillée d'une robe de serveuse blanche dans la région de Powerline, sans précision de date (placard de chambre, côté nord – Carruthers).

Item C – Quatre pages manuscrites sur papier réglé jaune et deux feuilles blanches vierges. Attachées à une enveloppe adressée à Jerry Shepard[1], 2716 SW 34th Avenue, Fort Lauderdale, Florida 33312. Lettre qui dépeint l'exécution de femmes dans la gare de Hambourg, où on les voit uriner. Une description très détaillée de pendaisons de femmes. Des noms sont mentionnés (chambre à coucher, côté nord – sergent Chuck Hemp).

1. Jerry Shepard est un pseudonyme de Gerard Schaefer.

Item D – Une lettre manuscrite sur papier réglé. L'histoire se déroule à Londres en juin 1760, cite Eleanor Hussy et décrit la pendaison d'une jeune fille (placard de la chambre, côté nord – Carruthers).

Item E – Trois pages manuscrites sur papier réglé jaune. L'histoire d'une Allemande qu'on conduit à l'échafaud. Mentionne le nom de Michelle Dumont. Nombreux détails sur la défécation, etc. (placard chambre, côté nord – sergent Chuck Hemp).

Item F – Une page manuscrite sur papier blanc millimétré, recto verso, dépeint en détail la meilleure méthode d'exécuter et de mutiler le corps d'une femme (chambre à coucher, côté nord – sergent Chuck Hemp).

Item G – Trois pages tapées à la machine au dos d'un papier ronéotypé. Encore un récit de femme pendue, mention du prénom Carmen, poils pubiens blonds, revêtue d'une nuisette rose. La servante Margarita, aussi dénommée Sonora Nia. Margarita est grande, on mentionne une triple pendaison. Dépeint les exécutions en Amérique latine. Indique « I » comme le bourreau, qui enterre les corps (boîte dans la chambre à coucher, côté nord – sergent Chuck Hemp).

Item H – Huit pages tapées à la machine sur une femme conduite dans un endroit désert et pendue – description très détaillée : « femelle » en robe noire, coiffée avec style, chaussures à talons hauts et en collant. Raconte ce qu'il voit après la pendaison. Parle d'abuser des femmes après leur mort. Femme en petite culotte. Cherche l'endroit où elle a déféqué, devient très excité, parle d'une crique – enveloppe son cadavre sur un coffre de couleur orange, le jette dans le canal, restes démembrés, arrache les dents, les disperse. Morceaux éparpillés sur une distance de cinquante kilomètres. Un autre récit, « Commandants Summer House » – une histoire de meurtre.

Item I – Onze pages manuscrites au dos d'une facture d'appels longue distance du #10 38 RVP. 668. Histoire sur Jimmie qui exécute une fillette, mentionne le nom Clyde, l'âge de la victime, dix-huit ou vingt mentions d'Harry & Bob. Indique que les dealers doivent tous être pendus. Les mains ligotées dans le dos. Noms Tom & Pete. Apparemment, la fille est exécutée en prison. Donne le nom de Barbie, une prostituée de Miami, une fausse blonde d'un mètre soixante-cinq, 38-22-37. Indique que Sam est habile avec des pinces pour extraire des plombages en or. Dit que l'on garde toujours quelque chose de chacun des corps. A nouveau, des plombages en or. Des détenus détachent le cadavre de Linda, parlent à nouveau de Sam & Pete, des plombages en or de Linda. Sam est un jeune homme noir. On retire la culotte de Linda pour observer ses poils pubiens. L'heure de l'exécution est 8 heures du matin. Description d'une capuche blanche avec des taches de sang (boîte dans la chambre à coucher, côté nord – sergent Chuck Hemp).

Item J – Trois pages tapées à la machine, titre « Eleanor Hussy (The Irish Harlot who Refused to Hang) » (« La pute irlandaise qui refusait de se faire pendre »). Récit historique de Jerry Sheperd, décembre 1970, fixé à un classeur jaune – on l'a aussi retrouvé sous une forme manuscrite dans ses effets personnels –, histoire d'une fille que l'on s'apprête à pendre et qui saute de l'échafaud pour tenter de s'enfuir et se brise la nuque (boîte dans la chambre à coucher, côté nord – sergent Chuck Hemp).

Item K – Une page tapée à la machine. Une femme en robe blanche se fait assassiner. L'exécuteur récupère tous les papiers d'identité. C'était une blonde, avec des anneaux, sodomisée sur un coffre de couleur orange. Le cadavre est recouvert (boîte dans la chambre à coucher, côté nord – sergent Chuck Hemp).

Item L – Trois pages de notes manuscrites sur papier blanc réglé, mentionne Mme Oudry, pendue par les nazis. Une femme à la belle silhouette, retrouvée pendue, nue, à un lampadaire. Indique Schmidt qui démarre avec son camion pour pendre une femme qui se tient debout sur la plate-forme du véhicule (placard de la chambre à coucher, côté nord – Carruthers).

Item M – Une page manuscrite sur papier jaune. Une autre histoire de jeune fille blanche (placard de la chambre à coucher, côté nord – Carruthers).

Item N – Trois pages manuscrites sur papier réglé blanc, un autre récit de pendaison de femme, qui porte deux bracelets, évoque des objets blancs (échafaud, gants). Le nom de Jack est mentionné comme bourreau. A nouveau une blonde et un camion pour la pendre. Revient sur description détaillée du décès et de la pendaison (boîte dans placard de la chambre à coucher, côté nord – Carruthers).

Item O – Trois pages manuscrites sur papier ligné blanc d'un agenda, une histoire qui mentionne Roberto et le massacre d'une femme ligotée avec un câble ou une corde. Des révolutionnaires fouettent les prostituées d'un quartier chaud. Les femmes ont les culottes sur les chevilles, une chemise blanche arrachée, l'adresse 30 Calle Roos. Une corde à garrotter. Mentionne Rigata Puta (placard de la chambre à coucher, côté nord – Carruthers).

SCELLÉS V

Item A – (1) Une enveloppe jaune (chambre à coucher, côté nord – sergent Chuck Hemp).

(2) Couverture de magazine avec mâle et femelle, la femme a la corde au cou.

(3) Photo noir et blanc d'une femme qui a des relations sexuelles avec deux hommes blancs.

(4) Page arrachée d'un magazine (des notes manuscrites y figurent), une femme qui pose nue ; les commentaires décrivent une blessure par balle et du sang.

(5) Page d'un magazine avec une femme en négligé noir.

(6-7) Des fiches bristol avec des poèmes sur des pendaisons de femmes.

(8-12) Les vêtements portés par une femme condamnée à mort, 1955, Mme R. Ellis[1]. Décrit sa mort. Evoque aussi le ciel du mois d'août – et un shérif qui mène l'enquête. Au dos d'une carte indexée avec le numéro 11, on trouve HU 8694.

(13) Une page manuscrite, l'histoire d'une autre pendaison de femme en jupe verte serrée et culotte latex. 55 kilos de femme pendue, décrochée puis enroulée dans un sac-poubelle enfoui dans une tombe.

(14-34) Des pages tapées à la machine sur des pendaisons de femmes. La page 18 raconte la découverte d'une disparue enfermée dans un placard. Affirme qu'elle se préparait à se coucher lorsque l'assassin a frappé. Parle du « Top-Less Club », ses mensurations

1. Ruth Ellis est la dernière femme à avoir été pendue en Grande-Bretagne le 13 juillet 1955 pour avoir tué son amant, le coureur automobile David Blakely.

38-23-36. Page 20, des histoires inventées sur le New York Police Department, des noms : Lola Ewing, Mary Hopkins. Une victime décrite, les yeux très maquillés, robe rouge, pas de culotte. Une autre femme, approchant la trentaine, en blouse blanche et au pantalon trop grand. Page 28, une femme qui fait de la poterie est une « salope » et en paie le prix. Pages 32 et 33, une fille qui l'excite. Il se trouve dans un appartement et l'étrangle avec ses bas en nylon pendant qu'il la sodomise.

(35-40) Pages manuscrites sur papier blanc millimétré, encore sur des pendaisons de femmes, évoque un après-midi du mois d'août, page 37 décrit une pendaison en dehors de Londres durant l'été 1592. Mentionne le corps de Mary Former.

(41-45) Des dessins d'une femme en train d'être exécutée par pendaison et d'autres esquisses. Il y a des commentaires écrits par-dessus. Les bourreaux sont des hommes. Les déclarations des bourreaux.

(46-74) Dessins de femmes pendues, abattues, etc. Pages 50-51, du sang, etc. Page 55, des textes intéressants. Page 57, une femme assiste à une pendaison, beaucoup de commentaires. Page 73, une femme fait ses besoins.

Item C – (1) Revue *Today's Nudist*, beaucoup de commentaires sous les photos.

(2) Magazine *Wow Nude*, des cordes ont été dessinées autour du cou des modèles.

(3) Une photo d'un homme et d'une femme (tout ce qui est au-dessus a été trouvé par le sergent Hemp dans la chambre à coucher, côté nord).

SCELLÉS VI

Item A – (1) Journal *Fort Lauderdale News* en date du samedi 26 décembre 1970.

(2) Une page de la rubrique sports du *Fort Lauderdale News* en date du mercredi 23 décembre 1970.

(3) *Fort Lauderdale News* du dimanche 27 décembre 1970, page 1B « *Mood of Campus at Kent State* »[1]. Page 11B, « *Jury Probes Hanging Death* ».

(4) *Fort Lauderdale News* en date du dimanche 14 juin 1970, Section C avec, à la une, « *Two Women Lost in Mystery Web* ». Leigh Bonadies, nom de jeune fille Hainline, disparaît sur Davie Boulevard le 8 septembre 1969. Un mètre soixante-neuf, 63 kilos, cheveux bruns. La seconde jeune fille est Carmen Marie Hallock[2].

SCELLÉS VII

Item A – (1) Petite boîte à bijoux en or.

(2) Bracelet en or, avec des chaînettes de sûreté.

(3) Bracelet couleur argent avec chaîne de sûreté et cadenas en forme de fleur. Cinq breloques porte-bonheur en forme de cœur avec noms et initiales :

(a) Initiales « D.R. », avec dessin floral au dos. (b) Initiale « B » au dos, initiale « E » sur le bord. (c) « Ruth » et « Sterling ». (d) Initiales « M.T.N. » sur

1. Le 4 mai 1970, la garde nationale de l'Ohio ouvre le feu sur des étudiants qui manifestent pacifiquement contre la guerre du Viêt-nam. La fusillade fait quatre morts et neuf blessés.

2. Ces deux disparues sont des victimes de Gerard Schaefer. Leigh Hainline habitait au milieu des années 1960 à deux maisons du domicile des Schaefer.

les bords extérieurs en forme de spirale et « Sterling » au dos. (e) Mot « Papa » dans le coin gauche, en forme de cœur avec « Sterling ».

(4) Bracelet de couleur argent avec onze perles roses. Fermoir en forme de croix avec un médaillon de la Madone.

(5) Bracelet avec des liens en cuir et un trèfle à quatre feuilles en cuir rouge.

(6) Une fine chaînette en or. Longueur : 45 centimètres.

(7) Bracelet porte-bonheur couleur argent avec une breloque ayant la forme de l'Etat de Louisane, « New Orleans » gravé sur un médaillon. Les initiales « C.P.A.I. » et la date 1960.

(8) Des boucles d'oreilles, avec un fermoir circulaire de couleur rose.

(9) Une broche de femme qui représente la silhouette d'un homme. Couleur argent sur le pourtour et en verre coloré pour l'homme.

(10) Un médaillon en or avec les initiales « C.X. » et le dessin de deux nageurs. Les mots « Participant Exchange Meet » sont inscrits en bas.

(11) Une broche en forme de triangle Tri Hi Y, avec le dessin d'une torche rouge sur fond bleu. La broche est fixée à une chaînette en or.

(12) Une broche verte avec une croix rouge dans le coin supérieur gauche. Les mots « Home Nursing » sont inscrits dessus.

(13) Une broche ronde avec un trèfle à quatre feuilles argenté sur fond bleu.

(14) Une broche ronde avec un visage dessiné sur fond bleu.

(15) Une broche en forme de poisson, les couleurs sont bleu, vert et orange.

(16) Une toute petite croix en bois.

(17) Un minuscule couteau pliant avec un manche couleur perle. Longueur : 3 cm.

(18) Une minuscule paire de ciseaux en or. Longueur : 9 cm.

(19) Une minuscule broche avec un renne. Longueur : 6 cm.

(20) Deux petits casse-noisettes en or. Longueur : 12 cm.

(21) Une petite broche en or avec le mot « pep » gravé qui ressemble à une trompe de pom-pom girl.

(22) Un petit couteau pliant en or. Longueur : 6 cm (tout ce qui est listé ci-dessus, chambre à coucher, côté nord – Carruthers).

SCELLÉS VIII

Item A – Un sac à dos en toile.

Item B – Deux stylos rouges.

Item C – Une édition de poche de *Scorpio*.

Item D – Une boîte d'allumettes de la marque Firechiefs.

Item E – Un bracelet indien en argent.

Item F – Un coupe-papier au manche en cuivre.

Item G – Un spradrap de la marque Curad.

Item H – Un petit sac de femme en cuir fini suède qui contient : (1) Un passeport au nom de Colette Marie Goodenough (2) Un permis de conduire délivré par l'Etat de l'Iowa #445-54-7538 le 17 mai 1972 au nom de Marie Goodenough, née le 4 novembre 1953, 1312 Birch Avenue, Cedar Rapids, Iowa (3) Une carte d'identité #AF 0, 356,114 au nom de Colette Goodenough, née le 4 novembre 1953 et délivrée le 20 mai 1971

(4) Une carte d'identité du Special Problems Center au nom de Colette Goodenough (5) Un papier en français, peut-être un certificat de naissance au nom de Colette Goodenough (6) Un certificat de naissance au nom de Barbara Ann Wilcox, née le 17 août 53. Père, Ray Alfred, mère, Loretta Jean, adresse : Ellis Terrace Trailer #63 Cedar Rapids, Iowa, St. Lukes Methodist Hospital, Cedar Rapids, Linn County, Iowa (7) Différents coupons de réduction (8) Un carnet de notes contenant plusieurs poèmes signés Colette. Le dernier, en date du 7 décembre 1972 (9) Une édition de poche de *Secret Path* avec une reliure en cuir (chambre à coucher, côté nord – sergent Chuck Hemp).

SCELLÉS IX

Item A – Une boîte à cigares de la marque White Owl Ranger.

Item B – (1) Une enveloppe pour un courrier par avion adressé à G. Schaefer, en date du 30 mars 1971. L'expéditeur est John O'Riley, PO Box 38, East Brunswick, Victoria, Australia 3057.

(2) Une lettre manuscrite à Buddy qui décrit le meurtre et la mutilation de femmes commis par des *wogs*[1] dans le Sahara marocain.

(3) 37 photos en noir et blanc de femmes nues en train d'être pendues et mutilées. Au dos, des numéros renvoient à une lettre qui donne des détails sur chacun des clichés.

(4) Quatre enveloppes par avion, sans adresse, avec un timbre helvétique et le code « 3825 MURREN ».

1. *Wogs* est un terme raciste, surtout utilisé en Australie, qui pourrait se traduire par « bronzés ».

Celles-ci contiennent cinq rouleaux de négatifs avec des femmes en train d'être mutilées. (Note : Scellé IX, Item B #4 est le même que les négatifs du Scellé I, Item B.)

(5) Une enveloppe adressée à Gerald J. Schaefer Jr., 2716 SW 34th Avenue, Fort Lauderdale, avec un timbre australien, contient 54 photos noir et blanc de femmes nues et mutilées. Au dos de six d'entre elles, il y a des notes écrites au stylo qui donnent des détails. Huit clichés arborent les numéros 6, 6c, 1c, 9c, 4c, 3b, 3c et 3 qui renvoient à un courrier. (Note : Item B – les photos n° 2 et n° 3 sont expliquées dans cette lettre. Il « se débarrasse d'une fille qui a fait une OD[1] avec H dans un ravin ».)

(6) Enveloppe envoyée à G. J. Schaefer, 2716 SW 34th Avenue, Fort Lauderdale. Timbre australien de Victoria en date de 1971. 13 photos noir et blanc de femmes nues pendues, l'une d'elles est décapitée post mortem. Deux photos d'une femme en petite culotte blanche, une autre assise sur un tabouret.

(7) Une enveloppe bleue de « Florida Power & Light », pas de destinataire. Expéditeur : Holfelner, Gonia Crouse PA, 2505 N. Andrews Avenue, Fort Lauderdale, Florida 33311. Un numéro de téléphone est écrit à la main, #524-0926 ou 525-0926 (table de nuit de la chambre à coucher, côté nord – Carruthers).

SCELLÉS X

Item A – (1) Un tiroir-caisse noir (2) Un tiroir-caisse noir.

Item B – (1) Un sac pour argent liquide en toile de la Federal Reserve Branch, Jacksonville, Florida (2) Idem

1. « OD » pour overdose ; « H » pour héroïne.

(3) Un sac zippé bleu pour pièces de monnaie de la First National Bank of Fort Lauderdale (4) Un sac pour argent liquide de la First Security Corporation Banks, Utah, Wyoming et Idaho (5) Un sac de banque zippé pour la Farmer's Bank & Savings Corporation, Pomeroy, Ohio (6) Un sac de banque vert zippé de la Peoples National Bank, Myrtle Beach, South Carolina (7) Un sac de banque vert de la National Bank, Albuquerque, Nouveau-Mexique (chambre à coucher, côté nord – Pete Renge).

SCELLÉS XI

Item A – (1) Un sac plastique agrafé contenant une carte de service militaire et civil appartenant à Steven Douglas Kindig, né le 13 juillet 1950 (en apparence, une date changée), #8 150 52 648, né à Gettysburg, PA. (2) Un permis de conduire du Maryland au nom de Steven Douglas Kindig, 14309 Baver Drive, Rockville, Maryland. Apparaît avec un rapport criminel rédigé par G. J. Schaefer Jr. (3) Certificat de naissance #154541, Etat de Penn. Steven Douglas Kindig. Deux numéros de téléphone 871-7598, 744-9584 (4) Permis temporaire d'opérateur en Floride au nom de Michael Joseph Angeline, né en avril 49 au 3001 N. Dixie Highway, Fort Lauderdale, date d'examen 127-72 (5) Permis d'opérateur du Wisconsin pour Kirk Phillip Duckwitz, 827 S. Park Avenue, Milwaukee, né le 3-9-50 RK580320880 (6) Trois objets agrafés, deux coupons de Cashones, des chèques appartenant à Kenneth Cranshaw et un certificat médical du même Ken Cranshaw, 1329 SW 31st Street, Fort Lauderdale, délivré le 8-25-71 par le restaurant Savrin (7) Un rapport de police de G. J. Schaefer pour un certificat de naissance (8) Un rapport de police concernant Kenneth Cranshaw (chambre à coucher, côté nord – Pete Renge).

SCELLÉS XII

Item A – Un portefeuille marron contenant plusieurs papiers d'identité au nom de Ted Greer, 1092 NE 38th Street, Fort Lauderdale. Edward Mell Geer, né le 15 avril 46, ainsi qu'un certificat de propriété d'une Chrysler, immatriculée 72-FLA-10W151492 au nom de Dennis Caudill, 47 NW Commercial Blvd., Fort Lauderdale (chambre à coucher, côté nord – Carruthers).

SCELLÉS XIII

Item A – Cinq douilles de calibre 38.
Item B – Onze cartouches de calibre 22.
Item C – Sept cartouches percutées, quatre de calibre 38 et trois de calibre 45.
Item D – Trois cartouches percutées.
Item E – Un projectile de calibre inconnu.
(Chambre à coucher, côté nord – Carruthers.)

SCELLÉS XIV

Item A – Une lettre adressée à John de sa première femme Marti où elle lui explique qu'elle ne peut plus vivre avec lui.

Item B – Une satire d'un jeu concernant les relations sexuelles entre époux.

Item C – Un morceau de corde rouge (entrelacée).
Item D – Des calendriers de poche pour 1972 et 1973.
(Chambre à coucher, côté nord – Ragucci.)

SCELLÉS XV

Item A – Un bracelet en argent avec un porte-bonheur en forme de cœur, avec « Disneyland » d'un côté et le prénom « Leigh » sur l'autre face.

Item B – (1) Des morceaux d'os de dix centimètres de long (2) Un morceau d'os d'environ sept centimètres de longueur.

(Chambre à coucher, côté nord, dans une boîte – Pete Renge.)

SCELLÉS XVI

Item A – Une lettre manuscrite décrivant la mort de deux filles, l'une blonde, l'autre brune (chambre à coucher, côté nord – sergent Chuck Hemp).

SCELLÉS XVII

Item A – Quatorze couteaux et des fourreaux.
Item B – Une énorme machette incurvée.
(Chambre à coucher, côté nord – Carruthers.)

SCELLÉS XVIII

Item A – Corde (buanderie – Carruthers).

SCELLÉS XIX

Item A – Une ceinture de style hippie (chambre à coucher, côté nord – Carruthers).

SCELLÉS XX

Item A – Trois boîtes remplies de magazines pornographiques, nudistes et SM (chambre à coucher, côté nord – Carruthers).

SCELLÉS XXI

Item A – Un Colt Magnum calibre 22 #G41951 avec un holster noir et une ceinture (chambre à coucher, côté est – Carruthers).

SCELLÉS XXII

Item A – Un calibre 22 Ruger #11-01193 avec un holster noir (chambre à coucher, côté est – Carruthers).

SCELLÉS XXIII

Item A – Un Colt 45 #222016 avec holster (chambre à coucher, côté nord – Carruthers).

SCELLÉS XXIV

Item A – Un Colt calibre 38 revolver #765 et holster (chambre à coucher, côté nord – Carruthers).

SCELLÉS XXV

Item A – Un Remington automatique calibre 12 #184079 U (chambre à coucher, côté nord – Carruthers).

SCELLÉS XXVI

Item A – Un calibre 16 « Eastern Arms Company » modèle 1929, pas de numéro (chambre à coucher, côté nord – Carruthers).

SCELLÉS XXVII

Item A – Un Remington 30.06 modèle 1903, #3099154, avec étui (chambre à coucher, côté nord – Carruthers).

SCELLÉS XXVIII

Item A – Un modèle 67A à un coup de Winchester calibre 22, pas de numéro d'immatriculation (chambre à coucher, côté nord – Carruthers).

SCELLÉS XXIX

Item A – Un fusil à pompe 410 Savage à canon double modèle 311A, pas de numéro d'immatriculation, avec étui (chambre à coucher, côté nord – Carruthers).

SCELLÉS XXX

Item A – Un fusil Nylon 66 calibre 22 chez Remington, numéro 412827 avec étui (chambre à coucher, côté nord – Carruthers).

SCELLÉS XXXI

Item A – Un fusil #222811 M 8 1 (chambre à coucher, côté nord – Carruthers).

SCELLÉS XXXII

Item A – Une boîte de cigares vide contenant plusieurs cartouches vides de différents calibres.

Item B – Un poème manuscrit sur du papier blanc millimétré.

(Chambre à coucher, côté nord – Ragucci.)

SCELLÉS XXXIII

Item A – Deux sacs de couchage – (Carruthers)

Tous ces objets saisis au domicile de Doris Schaefer permettent de relier de manière directe son fils, déjà incarcéré depuis le 15 janvier 1973, à six disparitions et meurtres. Pour Colette Marie Goodenough, une dent, son passeport, son journal intime, un recueil de poèmes et son permis de conduire. Pour Barbara Ann Wilcox, une dent et son certificat de naissance. Des coupures de presse pour Carmen Marie Hallock et Leigh Hainline Bonadies, dont on retrouve un bracelet avec son prénom gravé. Sans oublier le sac de Georgia Jessup.

Le plus terrifiant demeure ces innombrables photos de femmes dénudées, tuées et mutilées, non identifiées, ainsi que les nombreux bijoux et colifichets qui n'appartiennent pas à Colette Goodenough, Barbara Ann Wilcox, Leigh Hainline Bonadies, Carmen Marie Hallock, Susan Place et Georgia Jessup. L'enquête sur l'ampleur des crimes de Gerard John Schaefer ne fait que commencer…

Chapitre VII

LE « MANUEL DU CRIME PARFAIT »

Le texte ci-dessous a été saisi lors de la fouille de la maison de Doris Schaefer, le 7 avril 1973. Gerard Schaefer a toujours affirmé qu'il s'agit d'un texte de fiction. Les autorités judiciaires l'ont versé au dossier d'instruction à charge de l'ex-shérif adjoint, en vue de son procès pour le meurtre de Susan Place et Georgia Jessup.

« Pour ne pas se faire arrêter, l'auteur d'un meurtre tel que je l'envisage doit prendre un certain nombre de précautions. Il faut tout planifier dans les moindres détails.

« Nous avons besoin d'un endroit isolé, accessible par voie routière, puis à pied, loin de toute patrouille de police et de tout lieu de rencontre pour amoureux. Tout doit être préparé à l'avance, afin que l'exécution prenne le moins de temps possible lorsque la victime est amenée. L'idéal serait d'avoir deux chevalets reliés entre eux par deux poutres pour former une sorte de croix de Saint-André. Un nœud coulant fixé à la branche d'un arbre et une autre corde qui relie les poutres à l'arrière d'une voiture. Une tombe déjà prête, éloignée du lieu d'exécution.

« La victime est une parmi toutes ces nombreuses femmes qui arrivent en rangs serrés à Miami et Fort

Lauderdale durant les mois d'hiver. Se débarrasser de deux victimes en même temps ne présente pas de difficulté majeure, d'autant qu'elles sont moins méfiantes lorsqu'elles voyagent à deux. Il vaut mieux les ligoter et les bâillonner avant de les transporter vers le lieu d'exécution. Il est bon d'avoir d'autres objets sous la main, suivant les modes de torture et d'humiliation planifiés.

« Du savon et de l'eau. Très utiles si vous souhaitez effectuer un lavement avant l'exécution de la femme. Ou lorsque vous la forcez à uriner, pour la nettoyer par la suite. Le savon est un excellent lubrifiant pour un rapport anal. La bière est indispensable pour l'obliger à uriner et la rend plus coopérative sous l'action de l'alcool. Le savon peut être introduit en force dans le rectum pour provoquer la défécation, car la victime n'a pas forcément envie de se soulager. Elle aura peut-être envie de le faire sous l'effet de la peur, c'est quelque chose que j'ai remarqué. Une poire vaginale peut se révéler utile pour une plus grande humiliation, ainsi qu'un lavement à l'eau savonneuse, si l'on force l'une des victimes à uriner ou à déféquer sur l'autre. L'humiliation sera absolue. Des bas nylon pour ligoter les pieds et les mains des femmes. Il faut obliger la victime à se déshabiller partiellement (lingerie) ou entièrement. Si elle est complètement dénudée, on peut essayer de l'exciter sexuellement, ce qui sera très intéressant si elle est ligotée les mains dans le dos et la nuque enserrée dans un nœud coulant. Une taie d'oreiller blanche doit être placée sur sa tête et il faut qu'elle soit bâillonnée. La culotte est descendue à hauteur des chevilles pour une meilleure exposition des parties génitales qui seront excitées avec les doigts. Lorsqu'elle est suffisamment émoustillée, la corde doit être tendue pour la suspendre par le cou. Si elle est assez désirable, on peut relâcher la corde, afin qu'elle reprenne connaissance et qu'on puisse lui faire subir de nouveaux outrages. Une fois morte, il faut violer le cadavre, si cela n'a pas déjà été fait. Le corps peut alors être mutilé avant d'être enterré. Tous les papiers d'identité doivent être détruits avec le plus grand soin et il faut effacer toute trace du lieu d'exécution. »

Chapitre VIII

RENDEZ-VOUS CHEZ LES PSYS

Après l'identification des corps de Georgia Jessup et de Susan Place, l'implication du véhicule personnel de Gerard Schaefer, le fait que la mère de Susan le reconnaisse sur photos, ainsi que la découverte d'objets personnels des victimes, le 7 avril 1973, au domicile de sa mère Doris, l'ex-shérif adjoint, qui dort en prison depuis près de quatre mois, est en très mauvaise posture. Les enquêteurs communiquent leurs soupçons aux médias et la possibilité qu'il puisse bénéficier d'une libération anticipée pour des travaux d'utilité publique est révoquée sur-le-champ.

Schaefer contacte tout de suite Elton Schwarz, son avocat commis d'office, afin que celui-ci lui prenne rendez-vous chez un psychiatre. Il prétend être psychotique avec des tendances suicidaires. Le psychiatre est le docteur Robert C. Eaton. Son but ? Etre déclaré irresponsable pour être interné dans un hôpital psychiatrique et échapper ainsi à un procès. Sa démarche est appuyée par sa mère Doris et son épouse Teresa. Il se base sur une loi, le « Baker Act », qui a cours en Floride depuis 1971. S'il parvient à démontrer qu'il est un malade mental, Schaefer peut espérer être interné et éviter toute mise en examen. Le procureur Robert Stone du 19e Circuit judiciaire choisit pour sa part un autre psychiatre, le docteur Mordecai Harper, à Fort Pierce.

Lors de plusieurs entretiens avec des journalistes, Elton Schwarz indique que Schaefer n'est absolument pas conscient qu'il aurait pu commettre des meurtres. Et que tout cet intérêt médiatique a aggravé l'état mental de son client. L'homme de loi cite l'évaluation du docteur Raymond Killinger, qui lui a fait passer un examen psychiatrique le 17 mai 1968, et qui ne révèle aucune tendance suicidaire, mais « une sévère désorganisation psychologique et un fort sentiment de frustration ». Selon les dires d'Elton Schwarz, Schaefer aurait essayé d'obtenir « de l'aide » sans jamais avoir les moyens de poursuivre un traitement.

Toute la journée du 9 avril 1973, Gerard John Schaefer est reçu par le docteur Robert C. Eaton dont le cabinet se situe au 800 avenue H, à Fort Pierce. Dès le lendemain, le psychiatre remet son rapport au juge C. Pfeiffer Trowbridge, à Stuart. Le voici publié pour la première fois dans son intégralité :

« ÉVALUATION PSYCHIATRIQUE

« Cet homme marié de 28 ans, de race blanche, a été examiné sur l'ordre du juge du Circuit C. Pfeiffer Trowbridge, en date du 9 avril 1973. Le but de cet examen est de déterminer son état mental.

« Le patient a été emmené de la prison du comté de Martin pour une rencontre, seul à seul, dans mon cabinet. Je lui ai expliqué le but de ce rendez-vous et l'ai prévenu que j'écrirais un compte rendu pour la Cour. Il s'est montré coopératif et a répondu de façon claire à mes questions, sans essayer de biaiser. Il m'a indiqué purger une peine pour un incident qui s'est déroulé en juillet 1972. Il a été inculpé pour enlèvement et agression aggravée. Il a écopé de six mois de prison et de deux ans de probation. Il lui reste environ deux à trois mois avant d'être libéré. Il m'a raconté en détail pourquoi il avait pris ces deux jeunes femmes à bord de son véhicule. Il était persuadé qu'elles étaient des fugueuses. C'était la seconde fois qu'il les avait pris en stop, et c'est là qu'elles lui ont dit qu'elles étaient des fugueuses. Son but était de les emmener au commissariat pour leur parler, mais elles se sont moquées de lui et il a décidé de leur donner une leçon en les ligotant.

« Antécédents familiaux

« Il a vécu dans plusieurs Etats différents jusqu'à l'âge de 13 ans, avant que sa famille ne s'installe à Fort Lauderdale. Son père, pense-t-il, doit avoir dans les 60 ans. Ses parents ont divorcé en 1967, son père, un alcoolique invétéré, est représentant de commerce. Il affirme que son père le rabaissait constamment et qu'il voulait que son fils soit toujours meilleur que les autres. Sa mère est secrétaire de direction. Agée de 52 ans, il l'aime et la hait en même temps. Il ajoute que son père aurait tenté de se suicider avec une arme à feu lorsque le prévenu était âgé d'une vingtaine d'années. Il déclare que ses parents ont été obligés de se marier, car sa mère était déjà enceinte de lui. Il est né environ six mois après leur union. Sa sœur, qui a 24 ans, est mariée avec deux enfants. Il était proche d'elle jusqu'au jour où il s'est fâché contre elle et, depuis, ils ne se voient plus. Il a un frère de 19 ans qui est célibataire.

« Études

« Il a terminé le lycée en 1964, pour s'inscrire à Broward Junior College. Il a obtenu un diplôme en sciences sociales et en géographie en 1971, à l'université Florida

Atlantic et un autre pour devenir enseignant. Puis, en 1972, un autre en criminologie à Broward Community College. Il a figuré sur la liste honorifique des étudiants "les plus méritants". Pendant qu'il était encore au lycée, il a pensé entrer dans les ordres. Il a lui-même financé ses études en travaillant ici ou là. Pendant un certain temps, il a été guide free-lance dans les Everglades. Il a aussi participé à la tournée d'un groupe musical. Et il a été employé comme représentant pour un groupe de presse.

« Situation conjugale

« Il déclare avoir été marié pour la première fois en 1969. Sa femme était de deux ans plus jeune que lui. Leur union a duré un an environ, car ils ne s'entendaient pas d'un point de vue sexuel ; il explique qu'elle était frigide et qu'il lui avait adressé un ultimatum, de "produire" ou de s'en aller. Apparemment, leur divorce s'est effectué par courrier. Il a convolé pour la seconde fois en septembre 1971. Son épouse avait 19 ans à l'époque. Ils s'entendaient bien, leurs relations intimes étaient normales et régulières. Ils se sont installés dans le comté de Martin en 1972, afin d'obtenir un meilleur emploi. Auparavant, il avait travaillé comme policier à Wilton Manors, dans le comté de Broward. Il a tenté de se faire engager par le Broward County Police Force, mais sa candidature a été rejetée.

« Dès son jeune âge, il a connu de nombreux problèmes sexuels. Il a indiqué que lorsqu'il était à Atlanta vers 12 ou 13 ans, il se ligotait et fantasmait que des gens le torturaient. Il en tirait une grande satisfaction, surtout lorsqu'il se débattait. Cela a encore progressé, après le lycée, lorsque la jeune fille avec qui il sortait l'a quitté. Il allait dans les bois pour s'attacher, et même se suspendre à des branches d'arbres. Il devait vraiment faire beaucoup d'efforts pour se détacher, au point qu'une fois, il a pensé qu'il ne s'en sortirait jamais. Cela l'excitait beaucoup jusqu'au moment où ses pulsions devenaient complètement incontrôlables. Il avait aussi une passion pour la mort, au point de s'exciter énormément lorsqu'il rêvait de tuer quelqu'un. Parfois, il n'arrivait plus à savoir ce qui était réel ou fantasmé. Il s'est aussi intéressé à la littérature pornographique et dessinait lui-même sur des thèmes qui l'excitaient.

« État mental

« Il est bien orienté dans le temps et l'espace, et en tant qu'individu. Sa mémoire d'événements récents ou plus anciens est bonne. Son intelligence semble au-dessus de la normale. Il est intéressant de noter qu'il a raté le test des *serial sevens*[1]. Il a eu du mal à se concentrer. Humeur : pendant toute la durée de l'entretien, il a beaucoup pleuré, indiquant qu'il était inutile de continuer à vivre ainsi. Il a reconnu que les articles de presse l'ont beaucoup touché. Il a affirmé avoir beaucoup pensé au suicide et, lorsqu'il m'en a parlé, c'était comme une évidence et sur un ton dénué de toute émotion. Ces sept derniers jours, il n'a pas mangé et il envisage de se donner la mort, cela ne fait aucun doute dans son esprit. Il dit avoir écrit plusieurs courriers à sa mère et à son épouse. Il a reconnu avoir déjà pensé à un tel acte en 1968, avant d'être suivi par un psychiatre. Deux ans plus tôt, en 1966, il a vu un autre médecin à cause de sa sexualité déviante et des pulsions de meurtres. Pas d'épisodes hallucinatoires ou

1. Le test consiste à retrancher les chiffres, sept par sept, à partir de cent, soit 93, 86, 79, etc.

psychotiques. Il reconnaît n'avoir jamais fait confiance à quiconque, il n'a jamais eu d'ami proche et il admet que ses sentiments hostiles ont toujours été dirigés à l'encontre des femmes.

« RÉSUMÉ

« Cet homme de race blanche, âgé de 28 ans, a été vu pour une évaluation pendant deux heures et demie. Mon opinion est que cet individu est profondément déprimé, en partie à cause de la situation actuelle. Il pense au suicide de manière permanente. Je recommande qu'il soit envoyé dans un hôpital psychiatrique afin qu'on le traite et qu'il soit mis en observation pour des évalutations plus approfondies. »

R. C. Eaton, psychiatre.

Le 18 avril 1973, c'est au tour du psychiatre mandaté par le procureur Robert Stone, le docteur Mordecai Haber, The Smith Building, Suite 209, 2070 Main Street, à Fort Myers, de remettre son rapport au juge C. Pfeiffer Trowbridge : « Après avoir été mandaté par vous le 11 avril 1973, j'ai examiné le prévenu, Gerard John Shaeffer Jr.[1], dans mon cabinet de consultation privé pendant une période d'environ trois heures. Le but de cet examen psychiatrique était d'évaluer la santé mentale du prévenu et “s'il était ou non nécessaire de le faire interner et s'il représentait un danger pour lui-même ou les autres”. Il a été accompagné jusqu'à mon bureau par deux shérifs adjoints qui, après s'être assurés de la sécurité des lieux, sont restés dans une pièce voisine.

« Gerard J. Shaeffer, un homme blanc de 28 ans,

1. Les fautes d'orthographe sur le nom de Schaefer figurent dans ce rapport et j'ai choisi de les laisser.

marié, shérif adjoint, présente bien de sa personne, il s'est montré poli, aimable, coopératif et a répondu à toutes les questions pendant notre entretien. Il a donné des détails sur son histoire de façon cohérente.

« L'histoire familiale révèle un climat conflictuel et agité. Il dépeint son père comme un alcoolique invétéré "d'environ 60 ans", dont l'adresse présente lui est inconnue, qui a "abandonné ma mère en 1967". Le prévenu était âgé de 21 ans à cette époque. Sa mère, Doris, qui a aux alentours de 52 ans, est en bonne santé. Elle vit et travaille à Fort Lauderdale. "Ils n'ont jamais eu de bonnes relations. C'était un mariage forcé ; ma mère était déjà enceinte de moi." A cet instant, les yeux du prévenu se sont embués de larmes et sa voix s'est transformée en un chuchotement. Puis, comme pour s'excuser, il a ajouté : "Parler de mes parents et de mon épouse me gêne." Il retrouve vite sa contenance et ajoute spontanément : "Mon père me critiquait en permanence ; je n'arrivais jamais à le satisfaire. Il était toujours déçu à mon sujet. Ma mère voulait aussi que je fasse plus d'efforts, mais elle, au moins, me soutenait. J'étais toujours au centre de leurs terrifiantes disputes pendant le dîner. Elle prenait mon parti. Et lui me rabaissait."

« Sa sœur Sara, une infirmière, avait quatre ans de moins que lui. Elle est mariée avec deux enfants. "C'était la préférée de mon père. Nous étions assez proches, Sara et moi." Avec un profond soupir, il affirme qu'il était aussi proche de son frère Gary, âgé de 19 ans : "J'ai toujours essayé d'être un exemple pour lui."

« Son parcours scolaire comprend l'obtention d'une licence en sciences sociales à l'université Florida Atlantic en 1971 ; il a ajouté qu'il était également titulaire d'une licence de géographie et de criminologie à Broward Junior College. Il est aussi professeur en sciences sociales au niveau du collège. Mais il n'a pas obtenu de poste à plein temps "parce qu'ils ne voulaient que des Noirs".

« A 18 ans, "j'ai voulu être prêtre mais on n'a pas voulu de moi au séminaire de Saint John's. Je n'avais pas assez la foi". Déçu et en colère, il a quitté l'Eglise catholique. "J'ai trouvé que c'était injuste, moi qui allais à la messe tous les jours."

« De 1964 à 1972, il a travaillé comme guide dans les Everglades et a gagné suffisamment d'argent pour financer ses études. Lors de sa dernière année à l'école, il est employé comme vigile. En août 1971, il travaille comme officier de police à Wilton Manors pendant huit mois, avant d'être renvoyé pour une infraction mineure. En mai 1972, il devient shérif adjoint dans le comté de Martin, un job qui lui plaît "car tout le monde était honnête".

« Ses antécédents médicaux comprennent les habituelles maladies de l'enfance, telles que la rougeole à l'âge de 4 ans, sans complications ; un pré-diabète contrôlé par un régime, sans insuline ou autres médications ; "un peu de goutte" (le prévenu rit) en avril 1972, là aussi endiguée par un régime. Pas de maladies sérieuses, d'opérations ou de blessures graves. Il a eu une tonsillectomie à l'enfance. Il a nié avoir jamais contracté de maladies vénériennes : "Je ne couchais pas à gauche, à droite." Pas de consommation d'alcool, ni de drogues. Il a brièvement rencontré un psychiatre à Fort Lauderdale et suivi une thérapie de groupe à la clinique Henderson Mental Health de Fort Lauderdale) "pour calmer ses envies de faire du mal aux gens".

« Enfant, il jouait à des jeux où "j'étais toujours celui qui était tué. Je voulais mourir. Mon père préférait ma sœur, aussi je souhaitais me transformer en fille. Je voulais mourir. J'étais une telle déception aux yeux de ma famille, mon père adorait ma sœur. Je n'arrivais jamais à satisfaire mon père et dans les jeux, j'étais toujours celui qui mourait". Ses passions sont la chasse et la pêche. Il fait preuve d'une certaine fierté quant à son expertise au ball-trap : "Je suis numéro deux dans cet Etat", et il m'a donné une description détaillée de sa collection d'armes. Puis son visage s'est assombri : "La police a saisi toutes mes armes. Je suis suspecté dans six meurtres." Il affirme l'avoir appris par les journaux et la radio. Il a ri nerveusement. "Je purge une condamnation de six mois pour agression aggravée – parce que j'ai ligoté deux filles, deux auto-stoppeuses, à un arbre (rires). Au départ, j'ai été mis en examen pour enlèvement, mais ils ont abandonné cette inculpation." Il m'a donné une explication : "J'étais en colère après elles… elles se sont moquées de moi. Cela s'est déroulé à Jensen Beach." De manière spontanée, il m'a décrit en détail tout le déroulement de l'affaire. Son développement psycho-sexuel a commencé par la masturbation à l'adolescence. Depuis l'âge de 12 ans, "je m'attache à un arbre, me débats pour me libérer, et je m'excite sexuellement et je m'arrange pour me faire mal". Quand on lui demande comment il se fait mal, il répond que durant cette activité, il se "masturbe et fantasme sur des tortures qu'[il] inflige à d'autres personnes, en particulier des femmes". A cet âge, "je découvre la lingerie féminine, surtout les petites culottes (son rire est nerveux), parfois j'en porte. J'avais envie de souffrir". Quand on lui pose la question, il demeure silencieux et se met à réfléchir, comme s'il cherchait une réponse. Au bout d'un moment : "Je fantasmais sur le fait d'infliger de la douleur aux autres, les femmes en particulier.

« – Pourquoi les femmes ?

« – Ma mère ne me laissait jamais mener mes propres combats. Dans le groupe de thérapie, les docteurs ont dit (sourire du prévenu) que ma mère me castrait." Entre 14 et 17 ans, il a eu des relations intimes avec la même jeune femme, mais elle est partie à l'université. "Je voulais me venger. Lorsqu'elle est venue me rejoindre, nous sommes allés sur la plage où je l'ai mise dans un grand état d'excitation, avant de la repousser. C'était ma façon de la blesser pour le mal qu'elle m'avait fait." A 19 ans, il a des relations sexuelles avec une fille très intelligente qui l'abandonne au bout de cinq mois. "J'ai commencé à m'en prendre à moi-même. Je suis devenu masochiste", explique-t-il. Il se pend par la taille à une branche d'arbre pour se masturber. Lorsqu'il a des difficultés de concentration dans ses études, il fait "une séance", ce qui a pour effet de le libérer de toutes ses tensions. De façon spontanée, il me raconte que vers l'âge de 20 ans et plus, il sodomise "des vaches et des chevaux. Je n'étais pas marié à cette époque. Je les tailladais, je leur coupais la tête avec une machette avant d'avoir des relations sexuelles. C'étaient des pulsions incontrôlables". Lorsque je lui pose la question de sa capacité à refréner ses pulsions, si quelqu'un était présent, il me répond : "Je ne le faisais pas. Il n'y avait jamais aucun témoin. <u>Je ne me suis jamais fait prendre</u>." Il ajoute qu'il n'en a jamais parlé auparavant, pas même au psychiatre de la Fort Pierce Mental Heath Clinic, ni à aucun autre docteur "à propos des animaux. Je ne m'en rappelais plus, mais <u>maintenant</u> je m'en souviens. J'ai l'impression que je devais vous en parler.

« – Pourquoi ?

« – Parce que je suis fou, docteur. Je ne suis pas normal. J'ai un grand besoin d'être aidé – à cause de mon agressivité. Mais je n'ai plus rien fait de pareil depuis que je me suis marié avec Theresa[1]. Je vais me

1. La faute d'orthographe a été gardée.

suicider – toute cette histoire de meurtres… Des gens déclarent qu'ils m'ont vu en compagnie de ces filles, et que j'ai été la dernière personne à avoir été avec elles. Je ne sais plus quoi penser." Il indique vouloir se donner la mort "contre les barreaux de la cellule. Cela fait maintenant cent jours que je suis incarcéré et on me dit à quel point ça affecte mon épouse, ma mère et mon frère".

« En parlant de son mariage, il déclare : "Je n'aime pas trop les femmes, sauf les intellectuelles, celles qui sont vertueuses." Sa première union à 24 ans avec Marian Fogg [il s'agit de Martha] s'est achevée moins d'un an plus tard et sans enfant. Celle avec Theresa [*sic*] Dean, qui date de septembre 1971, est aussi sans enfant.

« Il n'a jamais connu le moindre problème avec la loi jusqu'au 15 janvier 1973, où il a commencé à purger sa "peine de six mois, avec une réduction d'un mois pour bonne conduite. J'ai été impeccable. Il me reste soixante-cinq jours jusqu'au 15 juin. Ensuite, je pars en vacances avec ma femme, mon frère et sa fiancée".

« L'examen psychique montre un jeune homme de race blanche à l'intelligence supérieure. Il est vif, ne tergiverse pas et est parfois loquace. Il se positionne bien en tant que personne, dans le temps et l'espace. Son attention est soutenue, il possède d'excellents souvenirs sur des événements récents ou plus lointains. Pas de problème de syntaxe. La cognition et la perception sont intactes. Le thème principal de son discours tourne autour de la sexualité, de son vif ressentiment suite à un rejet, et la détermination à se venger. Pas d'hallucinations notables. Il est capable d'interpréter les "proverbes" (un test) de manière abstraite et en des termes généraux. Son jugement est immature. Il a une certaine conscience que quelque chose n'est pas normal en lui. A la fin de notre rendez-vous, il a tenu à me montrer une cicatrice sur son poignet gauche : “J'ai fait ça en 68 ou 69. J'étais à l'école (sourire). J'ai tenté de trouver la veine. J'étais déprimé au sujet de mes perversions sexuelles et de ces pulsions de meurtre.”

« Au vu de son histoire et de l'examen de son état mental, je peux affirmer que le prévenu ne présente aucun symptôme d'une quelconque lésion cérébrale, d'un déficit mental ou de psychose. L'état clinique est celui d'un profond trouble du comportement, accompagné d'un état non psychotique et dépressif.

« Diagnostic :

« 1. Personnalité antisociale qui se manifeste par une déviance sexuelle et un sadisme érotisé.

« 2. Une réaction dépressive, modérée et temporaire.

« A mon avis, le prévenu ne souffre pas de désordres mentaux, il est apte à être jugé.

« En réponse aux questions de la Cour, je recommande que le prévenu soit hospitalisé pendant une période de trente jours pour :

« 1. obtenir des informations supplémentaires grâce à un examen neurologique, un électro-encéphalogramme et toute une série de tests psychologiques (MMPI, Rorschach).

« 2. le mettre en observation et prescrire un traitement adéquat.

« En conclusion, mon avis est que le prévenu est dangereux, moins pour lui-même que vis-à-vis des autres.

« J'espère que ce rapport sera utile à la Cour. »

Mordecai Haber, M.D., F.A.P.A.
Cc : Procureur Robert E. Stone
Maître Elton H. Schwartz

Le procureur Robert E. Stone décide de le mettre en examen pour assassinat avec préméditation de Susan Place et Georgia Jessup, le 18 mai 1973. Le juge Trowbridge décide de mettre Schaefer en observation pendant trente jours seulement au Chattahoochee State of Florida's Mental Health Facility. Il y est emmené par avion le 21 mai 1973.

Dans la salle d'attente de l'aéroport de Fort Lauderdale, c'est un Schaefer souriant qui accepte de répondre aux questions des journalistes. Entre ses mains menottées, il tient un livre, *Run Baby Run*, écrit par Nicky Cruz qui y raconte sa conversion au christianisme.

Vingt-sept jours plus tard le prévenu accepte d'être interviewé par Pat Quina, journaliste au *News Tribune*, qui l'avait déjà questionné à la prison du comté de Martin, le 28 avril 1973. L'entretien se déroule dans la salle des visiteurs de l'établissement psychiatrique de Chattahoochee, le 13 juin 1973, en présence du docteur Hector Gianni et de l'avocat Elton Schwarz. En préambule, Pat Quina, une ravissante blonde, lui demande s'il se souvient de leur rencontre précédente. Toujours aussi manipulateur, il lui indique qu'elle lui avait fait peur et qu'il avait été vraiment terrorisé. A ses yeux, elle incarnait le « Grand méchant loup » avec lui dans le rôle du « Petit chaperon rouge », surtout que l'interview s'était déroulée par une petite lucarne ronde dans la porte métallique de sa cellule. L'article paraît quatre jours plus tard sous le titre de « Schaefer Denies Guilt, Admits Problems » (« Schaefer nie être coupable, mais reconnaît des problèmes ») : « Gerard John Schaefer a passé un temps considérable cette semaine à donner son sentiment sur un cerveau malade et à raconter ce qui s'est déroulé depuis son admission au Florida State Mental Hospital durant ces trente jours d'évaluation et de traitement.

« Ses réponses, en apparence spontanées et franches, nous permettent d'avoir un plus profond aperçu de la personnalité d'un homme intelligent de 28 ans qui est accusé de deux assassinats dans le comté de Sainte-Lucie.

« Certains enquêteurs estiment que le tueur a torturé ces deux adolescentes, avant de les pendre, de les violer et de mutiler leurs corps.

« Schaefer nie ces accusations.

« Mais il y a des choses qu'il admet bien volontiers. “Je suis conscient que j'ai un problème particulier depuis peut-être l'âge de 12 ans… que j'étais différent des autres d'une certaine façon. Je ne suis pas quelqu'un de convivial. Je suis un solitaire. Bon, tout ça n'est pas trop en ma faveur, n'est-ce pas ?” déclare Schaefer.

« Lorsqu'on lui demande de se décrire, le jeune homme à la voix douce affirme : “Je pense être un solitaire car je suis un anticonformiste. J'ai du mal à adhérer à une religion trop organisée.

« “Dans mon aile du bâtiment, un patient dit que je suis un hérétique et que je devrais périr sur un bûcher. Je suis un catholique. Je ne suis pas un dévot de la religion catholique romaine. Je suis un non pratiquant.

« “Ce que je tente de faire, c'est de prendre ce qu'il y a de mieux dans toutes les religions pour l'incorporer à ma propre philosophie, qui peut se résumer ainsi : aime Dieu par-dessus tout, et tout être humain comme tu peux t'aimer toi-même.

« “Je suis un altruiste qui désire aider les autres, voilà pourquoi j'ai voulu devenir enseignant, mais les autres n'ont pas estimé que je pourrais être un bon professeur, surtout à cause de ma façon de voir les choses différemment.

« “J'ai choisi un emploi au sein des forces de l'ordre

pour deux raisons : pour aider les autres et avoir une connaissance plus approfondie de la loi. J'avais envie de devenir avocat."

« Schaefer estime que son "meilleur atout" est d'être "doté d'une intelligence au-dessus de la moyenne". "Etre intelligent, cela ne vous empêche pas de connaître des problèmes émotionnels ou mentaux. Je peux tout à fait lire Platon, Aristote, Dante ou saint Thomas d'Aquin, tout en voyant un docteur pour un trouble de la personnalité. L'un n'empêche pas l'autre."

« Lorsqu'on lui demande s'il est capable d'exercer un contrôle sur ce problème, Schaefer répond : "Je ne connais pas cette autre personnalité. C'est là que je suis confus. Il est possible que j'aie de multiples personnalités. Je suis sûr que tout le monde a plusieurs facettes, mais la difficulté est bien de savoir jusqu'à quel point celles-ci se manifestent. Certains individus peuvent complètement changer leur manière d'écrire, de s'exprimer ou de s'habiller. Tout le monde est un peu schizophrène, mais certains le sont plus que d'autres."

« En 1968, Schaefer a rencontré un psychiatre en lui expliquant qu'il avait un sérieux problème. Il ne pouvait pas se payer un traitement, alors le docteur lui a suggéré de coucher ses pensées sur le papier afin de se soulager des pressions mentales qui l'accablaient.

« Schaefer a suivi les conseils de ce psychiatre, mais il a rencontré des difficultés lorsqu'il est devenu enseignant, puis officier de police.

« Au final, il a été mis en examen pour les deux meurtres du comté de Sainte-Lucie.

« Nous lui avons demandé si le monde de la psychiatrie ne l'avait pas abandonné, car il souhaitait qu'on l'aide, mais ses moyens ne le lui permettaient pas. "D'une certaine manière, je dirais que oui. La psychiatrie m'a laissé tomber, mais d'un autre côté, ce n'est pas le cas. La psychiatrie n'est pas quelque chose de gratuit et ces hommes sont des savants qui méritent d'être rétribués. Je ne peux pas m'attendre à ce qu'on m'offre ce traitement sur un plateau d'argent. Je n'ai pas pu m'offrir un suivi qui aurait peut-être pu juguler mes problèmes. J'ai besoin de quelque chose et je ne peux pas me le payer", dit-il d'un air contrit, mais avec l'ombre d'un sourire destiné à ses interlocuteurs.

« "Je voudrais me débarrasser de ce problème. C'est un peu inhabituel, mais est-ce que cela en fait pour autant une chose mauvaise ? Qui peut le dire ? Peut-ce être que les psychiatres de cet établissement pourront me donner une réponse ? Il est évident que si ce problème se manifeste de façon physique ou sous des formes antisociales, alors oui, c'est mal. Mais tant que cela concerne le fantasme, peut-être que cela peut servir d'exutoire à une personne qui a des pulsions d'agressivité. Lorsque les contacts humains disparaissent, alors que vous en aviez beaucoup, cela vous brise et votre instinct le plus basique reprend le dessus. Quand quelque chose survient tout d'un coup, vous réagissez comme un animal sur le point d'être écrasé. Vous êtes réduit à l'état d'animal. Tout ce que vous pouvez faire dans la cellule de la prison du comté de Martin, c'est de regarder au travers d'un trou dans la porte. Vous n'avez plus d'autres contacts."

« Nous demandons à Schaefer quelle serait sa réaction s'il était jugé coupable pour les meurtres et qu'il soit condamné à la prison à vie.

« "Comme je suis innocent, je ne pense pas être condamné. Mais si je devais être condamné, je pense que ce serait fini pour moi. Je me suiciderais, sans nul doute. C'est même sûr. Si l'on m'envoie dans un établissement psychiatrique pour me faire soigner, avec la perspective d'être guéri, je pourrais l'accepter. Mais croupir le restant de mon existence dans une minuscule cage, cela n'en vaut pas la peine. Je crois fermement qu'il y a une vie après la mort, et qu'elle sera meilleure qu'ici-bas."

« Schaefer n'aurait pas d'objection à être interné dans un hôpital psychiatrique d'Etat : "Je suis certain que je pourrais me rendre utile dans un hôpital comme celui-ci. Je possède certaines connaissances médicales. J'ai un diplôme d'enseignant pour l'Etat de Floride et il y a beaucoup de choses que je saurais faire. Je pourrais apprendre aux personnes à lire et à écrire. Je saurais me rendre utile. Etre enfermé dans un établissement tel que celui-ci vaut mieux que la prison de Raiford où l'on vous traite comme un moins que rien. Je n'y ai jamais mis les pieds, mais c'est ce que m'ont dit plusieurs ex-détenus de ce pénitencier – que Raiford, c'est un peu la fin du monde. Il y a une partie de la population qui pense que je suis une sorte de maniaque… que je me balade un peu partout pour semer la mort, ou faire disparaître des gens. C'est pour ça que je ne peux pas me montrer aussi franc et transparent avec vous que je le voudrais, car je dois me méfier d'eux. S'ils ont la possibilité de m'envoyer au bûcher, ils ne vont pas se gêner. Une fois que j'aurai été lavé de tous ces soupçons, alors là, croyez-moi, je vous accorderai une interview de derrière les fagots – une exclusivité pour vous, Pat Quina."

« Nous lui demandons quel effet a eu sur lui cette condamnation à six mois de prison.

« "Avant d'être incarcéré à la prison du comté de Martin, j'avais déjà un problème émotionnel qui n'a fait qu'empirer en étant enfermé ainsi… Je n'avais jamais enfreint la loi auparavant et, là, j'étais livré sans aucune défense à la vindicte des médias. J'entendais les infos à la radio et je lisais des articles sans pouvoir me défendre le moins du monde. Cela s'apparentait à une chambre des tortures, à l'enfer sur terre. On pourrait faire beaucoup de choses pour aider les laissés-pour-compte de la société, les enfermer dans des donjons n'est pas la solution. Ce sont des êtres humains qui ont des sentiments, que l'on devrait réinsérer, tant qu'ils en ont encore la capacité. Lorsque le juge a prononcé ma condamnation en décembre dernier, il a dit que ce que j'avais fait était dingue, que j'étais fou pour avoir agi ainsi. Je pense qu'il aurait été beaucoup plus intelligent de sa part d'ordonner un traitement psychiatrique, sans que je sois interné, accompagné par un travail d'utilité publique, sous la supervision de mon officier de probation, plutôt que de purger ces six mois assis dans ma cellule, à devenir un poids pour la société."

« Schaefer doit être emmené à Fort Pierce mercredi prochain où son avocat Elton Schwarz va plaider auprès de la Cour afin d'obtenir la prolongation de trente jours de son séjour en observation à l'hôpital de Chattahoochee.

« Schaefer n'y voit aucune objection. "C'est moi qui ai insisté pour venir ici et, dans l'intérêt de cette quête de vérité qui m'anime, je voudrais très sincèrement savoir si quelque chose, ou non, cloche chez moi. Je ne vois pas quelle différence cela peut faire que je sois enfermé ici ou dans le comté de Sainte-Lucie. La société y gagnerait beaucoup à connaître la vérité à mon sujet et sur les problèmes qui me préoccupent."

« Apparemment, le séjour à Chattahoochee a eu un effet positif sur Schaefer. Il avait perdu beaucoup de poids dans la prison du comté de Martin. Il a repris cinq kilos lors de ces quatre semaines à l'hôpital. "Je ne suis pas aussi tendu, la pression est moins forte. Les conditions sont plus humaines."

« Schaefer a aussi évoqué le sort des trente à quarante hommes qui sont enfermés dans l'aile de psychiatrie légale. "Certains ne sont pas très vifs. D'autres sont d'une intelligence supérieure. Tout le monde ici a un problème, sinon ils ne seraient pas là. Moi aussi j'ai un problème." »

Cet entretien est passionnant car il montre à merveille le côté manipulateur de Gerard Schaefer : il admet avoir un « problème » qu'il a toujours voulu éradiquer en rencontrant des psychiatres. Mais le « pauvre » n'a jamais pu s'offrir les traitements coûteux des médecins. Il se présente comme une victime de la société, des médias, de la police et du procureur Robert Stone. Par la suite, la journaliste Pat Quina fera un commentaire intéressant sur le comportement de l'ex-shérif adjoint : « Il y a une chose surtout que je retiens de notre rencontre à l'hôpital, c'est son regard. Il est toujours resté fixe. Ses yeux n'ont jamais changé d'expression, ils avaient une intensité inouïe lorsqu'il répondait à mes questions. C'était très étrange. »

Elle poursuit avec cette question : « Est-ce que la psychiatrie n'a pas laissé tomber Schaefer parce qu'il ne pouvait pas se payer un tel traitement ? Et je ne cesse de m'interroger sur ce qui aurait pu se passer – ou non – ces cinq dernières années, si Schaefer avait pu se faire interner en 1968 lorsqu'il avait avoué à un psychiatre connaître de graves problèmes avec ses fantasmes sexuels. Les lecteurs me demandent sans arrêt ce que je pense de la culpabilité de Schaefer dans ces affaires de meurtres. Tout ce que je peux leur dire, c'est que ce n'est pas l'homme qui vous parle de philosophie. Pas ce Schaefer-là. Alors, l'autre Schaefer ? Celui-là est vraiment un malade, ce qu'il admet tout à fait. Je me pose toujours la même question : "Qu'est-ce qui s'est exactement passé pour produire cette maladie mentale, confuse et dangereuse ?" Je crois que beaucoup de parents, de journalistes, d'avocats et de psychiatres aimeraient connaître la réponse. »

Chapitre IX

LA TRAQUE DE GERARD SCHAEFER

Un acteur essentiel des investigations menées à l'encontre de l'ex-shérif adjoint est le procureur Robert Stone. Tenace, minutieux, il dirige une équipe d'enquêteurs qui se heurtent au départ à une tâche impossible. Des jeunes femmes disparaissent sans laisser de traces, il n'y a donc pas de scènes de crime, pas la moindre preuve qu'elles aient été assassinées. Robert Stone est aussi confronté à ce que l'on appelle le *linkage blindness*, c'est-à-dire l'absence de communication entre différentes forces de police qui gèrent chacune leur territoire, sans se consulter et mettre en commun leurs informations, même si elles ne sont parfois distantes que de quelques kilomètres. A l'époque, les autorités fédérales ne peuvent pas s'immiscer dans une enquête locale, sauf si l'on parvient à prouver qu'il y a un kidnapping. Le casse-tête est incroyable et il faut un triple coup de chance pour mettre l'enquête sur de bons rails, avec le sauvetage de Nancy Trotter et Pamela Sue Wells et la découverte des objets personnels de femmes disparues au domicile de Doris, la mère de Gerard Schaefer. Et, surtout, la mise au jour d'une première scène de crime avec les restes et les vêtements de Susan Place et Georgia Jessup, à Blind Creek qui, couplée au témoignage de la mère de l'une d'elles, permet l'identification du tueur.

Lorsque je rencontre l'ex-procureur Robert Stone, le 8 mars 2008, à son cabinet de Vero Beach, son souvenir du cas Schaefer est intact. C'est une affaire qui l'a profondément marqué. « En 1973, j'étais le district attorney élu du comté chargé de poursuivre Gerard Schaefer en justice. Tout a débuté lorsqu'un SDF qui fouillait dans les buissons d'un parc, à la recherche de canettes usagées pour les revendre, a découvert un ossement qu'il pensait appartenir à un être humain. Il a averti la police dont les recherches ont permis de retrouver un crâne et des dents de deux personnes différentes. Presque au même moment, la mère d'une jeune femme qui avait disparu depuis septembre 1972 menait des recherches pour identifier le propriétaire d'une voiture dont elle avait relevé le numéro de la plaque d'immatriculation. Cet individu avait été la dernière personne vue en compagnie de sa fille. Voilà comment elle est arrivée jusqu'à Gerard John Schaefer qui était en prison à l'époque : il avait été condamné à six mois pour l'enlèvement de Trotter et Wells. Nous nous sommes tout de suite rendu compte des similitudes qui pouvaient exister entre ces deux affaires. Teresa, l'épouse de Schaefer à cette époque, avait un frère qui était officier de police à Fort Lauderdale ; il s'est souvenu qu'au moment où les informations sur la découverte de ces deux corps avaient été publiées dans les journaux, son beau-frère l'avait appelé, le jour même, pour qu'il vienne prendre un certain nombre d'affaires à son domicile de Stuart et les dépose dans la maison de sa mère à Fort Lauderdale. Il n'avait jamais compris le pourquoi de cette précipitation. Parmi les objets, il y avait un sac à main de femme qui serait plus tard reconnu comme ayant appartenu à l'une des disparues. Et il se rappelait très bien l'urgence contenue dans la voix de Schaefer,

“Enlève-moi ces choses de Stuart !” Là, on a su qu’on était sur la bonne piste. Après avoir obtenu un mandat de perquisition, les enquêteurs ont fouillé la demeure de la mère de Schaefer. On y a trouvé ce sac à main de Georgia Jessup et d’autres preuves, l’impliquant non seulement dans la mort de ces deux jeunes filles, Place et Jessup, mais aussi dans la disparition de beaucoup d’autres femmes. Nous avons mis au jour beaucoup d’écrits, sous la forme de “nouvelles”. Un “manuel du crime parfait”, par exemple. Une copie conforme de ce qui s’est passé pour les deux victimes survivantes, Trotter et Wells, et celles dont on avait découvert les restes, Place et Jessup. D’ailleurs, je me suis servi de ce texte comme preuve à son encontre lors du procès. Mais il avait aussi gardé des “souvenirs” de chacune de ses victimes, des “trophées de chasse”. Comme cette petite boîte à bijoux où les bagues, bracelets, colliers, boucles d’oreilles ou pendentifs ont été identifiés par les proches de femmes qui avaient disparu ces dernières années dans le comté de Broward, qui est situé au sud de Vero Beach. Nous avons aussi trouvé des objets appartenant à deux jeunes disparues qui avaient quitté Cedar Rapids, dans l’Iowa, le 2 janvier 1973, pour se rendre en vacances à Fort Lauderdale. Gerard Schaefer a été incarcéré le 6 janvier 1973. Il a donc assassiné ces deux jeunes femmes pendant ces quatre jours. A l’époque, nous n’avions pas pu retrouver leurs corps, malgré toutes nos recherches. Ce n’est que quinze ans plus tard qu’on les a découvertes, à l’occasion de travaux de déboisement pour construire une route.

« Nous avons trouvé un colifichet avec le prénom Leigh inscrit dessus. C’était une manière inhabituelle d’écrire ce prénom (qui s’orthographie plutôt Lee), et il appartenait à Leigh Bonadies. Il y avait une dent que nous avons envoyée à un expert odontologue qui l'a reliée à Candy Hallock, une autre disparue. Ces bijoux appartenaient à environ une vingtaine de jeunes femmes disparues, rien que dans le comté de Broward. Mais nous n'avons jamais pu prouver qu'elles avaient été assassinées puisque leurs corps n'ont jamais été retrouvés.

« Ces écrits nous ont permis de comprendre le mode opératoire de Schaefer. N'oubliez pas qu'en 1969, ces bois et ces mangroves étaient comme une jungle. Par exemple, à Sainte-Lucie ou ailleurs, il n'y avait aucun sentier piétonnier, aucun chemin. Schaefer choisissait une clairière, avec un arbre aux racines protubérantes qui affleuraient au-dessus du sol. Il attachait ensuite ses victimes avec des menottes et des cordes dont l'une était passée autour du cou, avant de l'attacher à une branche supérieure. Les pieds de la jeune femme reposaient sur l'une de ces racines. Et si elle perdait l'équilibre, elle finissait par se pendre elle-même sous son poids. Puis il les laissait pour aller vaquer à ses occupations, avant de revenir le lendemain les humilier, "jouer" avec elles et finir par les tuer. Certaines ont été retrouvées avec une balle de calibre 22 dans le crâne. Par la suite, il se livrait à des actes de nécrophilie jusqu'à ce que les cadavres commencent à se décomposer. Les corps étaient alors mutilés et il prenait plaisir à se masturber au-dessus des restes. Dans son texte sur le crime parfait, Schaefer écrit qu'il faut fracasser les dents des victimes et disperser celles-ci pour éviter toute identification, et c'est le cas pour toutes ses scènes de crimes où les dents étaient éparpillées un peu partout. Fort heureusement, l'expert odontologue a pu identifier Georgia Jessup et Susan Place, grâce aux quelques dents que nous avons pu retrouver, ce qui nous a permis de faire condamner Gerard Schaefer. »

Chapitre X

JUSTICE EST FAITE

Le 22 juin 1973, la Cour se réunit une première fois sous la présidence du juge C. Pfeiffer Trowbridge. Après que les parties adverses – l'avocat de Schaefer, Elton Schwarz, et le procureur Robert Stone – ont exposé leurs arguments, le juge annonce qu'il refuse de prolonger le séjour de l'accusé à l'hôpital de Chattahoochee pour une période de trente jours supplémentaires. Il ajoute qu'il a commis une erreur de jugement en le faisant interner car, à ses yeux, un examen médical et psychiatrique à la prison du comté de Martin aurait été amplement suffisant. L'avis de trois psychiatres sur la santé mentale de Schaefer ne nécessite plus aucun examen supplémentaire, conclut le juge Trowbridge.

Pendant cette journée d'audience, Gerard Schaefer est resté calme au départ, comme s'il était absent des débats, le menton posé sur ses mains. De temps en temps, il échange des sourires avec son épouse Teresa et sa mère Doris, assise à ses côtés. Vêtu d'un jean et d'un polo à rayures bleues et jaunes, son attitude change du tout au tout lorsqu'il entend la décision du juge. Il bondit, le regard fou et les poings serrés, en insultant son avocat Elton Schwarz. Puis, Schaefer se tourne vers le procureur Robert Stone et le traite de salopard et d'ordure. Rappelé à l'ordre, le prévenu déclare : « J'ai bien dit ça, et je le réaffirme, et je peux même y ajouter d'autres noms d'oiseaux. »

L'audience s'achève dans la confusion la plus totale et il devient évident que Schaefer peut être jugé pour l'assassinat de Georgia Jessup et Susan Place. Il a perdu la première bataille juridique. Le procureur Robert Stone commence à réunir une liste de 97 personnes qui vont témoigner contre l'accusé. Ses deux témoins principaux seront Pamela Sue Wells et Nancy Trotter.

Le 6 juillet 1973, Elton Schwarz décide de changer de tactique, il renonce à plaider l'irresponsabilité pénale et la non-culpabilité de son client.

Le 31 juillet 1973, un second round peut démarrer.

Le procureur Robert Stone attaque Schaefer, bille en tête : « Etiez-vous sur le lieu du crime de Georgia Jessup et Susan Place ?

– Il est possible que je m'y sois retrouvé, mais je n'en ai aucun souvenir.

– Etes-vous absolument certain de ne pas avoir tué ces deux jeunes femmes ?

– Je n'ai tué personne. Non, je n'ai jamais tué personne. »

Robert Stone tend à Schaefer une déclaration où Elton Schwarz affirme que l'irresponsabilité pourrait être plaidée au moment du procès.

« Cela indique que vous souffrez d'une schizophrénie paranoïde et que vous les avez peut-être assassinées sans le savoir ? »

Schaefer reste silencieux. Stone continue.

« Souffrez-vous d'un désordre mental ?

– Oui.

– Et est-ce que ce trouble mental implique que, parfois, vous ignorez ce que vous faites ?

– Oui, je suis quelquefois confus.

– Ce qui veut dire que vous avez du mal à distinguer la réalité de vos fantasmes ?

– Oui, je suis obligé de répondre par l'affirmative.

– Vous affirmez que vous n'avez donc jamais vu ces deux jeunes femmes ?

– Je ne les ai jamais vues. »

La Cour se réunit encore à deux reprises. L'une des journées est consacrée aux évaluations mentales de l'accusé, avec le témoignage des différents psychiatres qui l'ont croisé. Le docteur C. W. Long apporte quelques éléments supplémentaires sur les paraphilies de Gerard Schaefer par rapport aux expertises psychiatriques de ses confrères, R. C. Eaton et Mordecai Haber. L'accusé lui a rapporté ses sentiments lorsqu'il a pris Wells et Trotter en stop. « C'étaient des filles perdues, des putes qui devaient être punies. Ses pulsions à leur égard étaient ultra-violentes, surtout la punition qu'il devait absolument leur infliger. Il m'a indiqué qu'il voulait les pendre, avant de les assassiner. Elles devaient souffrir le plus longtemps possible avant de mourir. Ensuite, il viendrait les violer une fois décédées, jusqu'à ce qu'elles soient en état de décomposition avancée. »

Le 27 août 1973, le juge C. Pfeiffer Trowbridge décide que Schaefer restera incarcéré jusqu'à son procès et que sa santé mentale lui permet de participer aux audiences. La date est fixée au lundi 17 septembre 1973.

Il est 9 h 40 lorsque Gerard John Schaefer se présente dans la salle B du deuxième étage, rasé de près, en chemise blanche et cravate. Il semble très calme. Il faut deux jours pour sélectionner les six membres du jury parmi trois cents candidats potentiels. Teresa Dean, l'épouse de Schaefer, et Doris, sa mère, sont assises côte à côte au premier rang. A la fin de la première journée, l'accusé cherche encore à se présenter comme une victime auprès des journalistes. Il montre son bras gauche couvert de marques rouges causées par de l'herbe à puce (ou sumac vénéneux) lorsqu'il a été emmené sur les lieux de ses crimes présumés quelques jours auparavant.

Le procureur annonce clairement son intention de prouver que les restes humains découverts à Hutchinson Island appartiennent à Georgia Jessup et Susan Place et que Schaefer est leur assassin : « Le 27 septembre 1972 est le dernier jour où Susan Place a été vue vivante par sa mère. Et c'est ce même jour que l'accusé, alias "Jerry Shephard", s'est rendu au domicile des Place pour discuter avec la mère de la victime. Elle a exprimé ses craintes sur le départ de Susan, mais ils ont indiqué vouloir se rendre sur la plage pour jouer de la guitare. Inquiète, elle les a accompagnées dehors. Elle a noté le numéro de la plaque d'immatriculation qui appartient à Gerard John Schaefer. Elle viendra le reconnaître.

« Les corps des jeunes femmes ont été envoyés au médecin légiste du comté de Dade. A cause de l'état avancé de décomposition, il est dans l'incapacité de donner une date exacte pour leur décès. Une mort naturelle est totalement exclue. C'est la mutilation qui a causé la mort de ces deux jeunes filles. Il s'agit d'un meurtre. Parmi les indices que vous pourrez examiner, il y a ce petit sac qui appartenait à Georgia Jessup. J'ai des témoins qui pourront l'identifier. Le sac a été récupéré par Hank Dean, le beau-frère de Schaefer, qui l'a transmis à un inspecteur du comté de Broward. Teresa Schaefer a obtenu ce sac en cadeau de son mari. Cet homme avait un plan et il l'a mis en œuvre. Entre le 27 septembre et le 8 décembre, il a assassiné ces deux jeunes femmes à Hutchinson Island, dans le comté de Sainte-Lucie. »

Le moment le plus dramatique du procès est le témoignage du lieutenant Duvall qui dirige l'unité des investigations criminelles pour le Saint Lucie County Sheriff Department. Il dépeint la scène de crime, les restes des deux corps découverts à environ trois cents mètres à l'intérieur de sous-bois très denses, éloignée de vingt mètres d'un chemin de terre qui mène de la route A1 vers la plage. Il fait apporter deux épaisses branches d'arbres et un morceau de tronc découpé. Le lieutenant Duvall pointe du doigt les traces de frottements de cordes qui sont encore visibles. Robert Stone s'empare d'une des branches qu'il tient au-dessus de sa tête pour s'approcher du banc des jurés. Ceux-ci sont visiblement ébranlés par cette vision.

Le lieutenant Duvall reconstitue le meurtre tel qu'il s'est produit. Les deux jeunes femmes étaient suspendues par des cordes à ces branches et elles se sont débattues violemment pour essayer de se libérer et de parer aux coups mortels du tueur.

Il poursuit sa description par la découverte de lingerie enfouie dans une tombe creusée à même le sol. Des chaussures, une robe, des morceaux de vertèbres, une jambe, deux torses, un pelvis et un jean rapiécé avec des pièces d'une étoile de David, d'une demi-lune, d'un coucou de Californie et d'un hibou. Un peu plus loin, un bras sectionné est trouvé. A huit mètres de la tombe, deux mâchoires sont mises au jour, ainsi que treize dents. « Egalement, un cuir chevelu de couleur rougeâtre près des dents, continue le policier. Nous avons poursuivi nos recherches, mais il nous a fallu tailler les sous-bois à coups de machette, tellement la végétation était dense. C'était comme une jungle. A trois mètres au nord de la tombe, il y avait cet arbre caoutchouc ou un banian. Sur le tronc, nous avons constaté que les initiales “GJ” avaient été récemment gravées. Au pied du tronc, on avait fait des entailles où il y avait des résidus de tissu provenant de la lingerie trouvée dans la tombe. Sur les branches de cet arbre, des marques de frottements de cordes, comme sur les deux autres que vous avez vues tout à l’heure.

« Le jour suivant, le 16 avril, c’est un autre cuir chevelu blond que nous avons découvert. A cette date, les corps avaient déjà été identifiés. Nous avons aussi trouvé deux taies d’oreiller, l’une blanche, l’autre avec des rayures bleues et noires. Il semblait évident que la tombe avait été creusée une première fois et que la personne était revenue sur place pour continuer à bêcher. »

Le témoignage du beau-frère de Schaefer, Henry Dean, apporte un élément décisif. Il raconte qu’il lui a rendu visite dans la prison du comté de Martin, le jour où celui-ci a été mis en examen pour les assassinats de Place et Jessup. Gerard était en train de lire des articles de journaux évoquant cette affaire. Dean lui précise que des dents et des ossements des victimes ont été mises au jour. Ce à quoi Schaefer lui répond : « Impossible, on n’a pas pu trouver de crânes ou de têtes. Tu veux que je fasse quoi, que je t’avoue ces crimes ? »

Le procureur Robert Stone nous détaille ses souvenirs des investigations et du procès qui ont abouti à la condamnation de l’accusé : « Outre les textes et les bijoux, nous avons trouvé un certain nombre de photographies de femmes, pour la plupart dénudées, avec essentiellement des gros plans de leurs fesses. Gerard Schaefer était fasciné par les anus et les matières fécales. Dans l’une de ses nouvelles, visiblement autobiographique, il raconte qu’il n’y a rien de plus bandant que de plonger ses mains dans la merde d’une victime qui vient de mourir en relâchant ses matières fécales. Il y avait aussi un cliché de son propre cul alors qu'il s'était pendu à un arbre. Comment avons-nous su que c'était lui ? Tout simplement parce qu'il y avait une cicatrice sur l'une des fesses, une marque que nous avons découverte sur son corps. Beaucoup de croquis de femmes déshabillées ou en lingerie transparente, pendues à des gibets, avec du sang coulant de blessures à l'arme blanche. Dans des revues pornographiques, il avait rajouté des cordes au cou des modèles photographiés.

« Dans ses recherches sur la personnalité de Gerard Schaefer, le shérif du comté de Broward a découvert qu'en toute probabilité il avait des rapports sexuels avec des animaux qu'il avait décapités. Sur son territoire, il avait trouvé des dizaines de vaches et de chevaux décapités sans savoir pourquoi de tels actes avaient été commis, avant qu'il ne lise le journal de Schaefer, où ses fantasmes étaient consignés. Il habitait dans le comté à cette époque et il y a même été officier de police pendant une période assez brève.

« Pendant le procès, nous avons eu un coup de chance car l'accusé n'avait pas indiqué le contenu du coffret retrouvé dans la maison de sa mère, à Fort Lauderdale. Schaefer lui avait menti en disant que c'était juste des pièces de monnaie. Quand l'inspecteur a présenté les preuves matérielles que nous possédions, l'avocat n'a fait aucune objection pour qu'on l'ouvre. Il a révélé des papiers d'identité, des bijoux et des dents de plusieurs victimes différentes. Cela a été un coup dur pour la défense.

« Nous avons aussi eu très peur que Trotter et Wells, les deux rescapées, ne reconnaissent pas Schaefer dont l'apparence physique avait beaucoup changé en moins de deux ans. Il n'était plus l'homme mince aux cheveux courts de l'époque. Il avait beaucoup grossi, il s'était laissé pousser les cheveux et portait à présent de grosses lunettes à verres épais. Lorsque l'une d'elles est venue témoigner à la barre et que je lui ai posé la question : "Reconnaissez-vous l'homme qui vous a fait ça ?", elle est restée silencieuse un moment, tandis que son regard se portait sur tous les hommes présents. J'ai senti mon cœur s'arrêter de battre car, si elle ne le reconnaissait pas, cela aurait été un coup très dur porté à l'accusation. Elle a recommencé son mouvement de la tête à deux ou trois reprises, avant de pointer le doigt dans sa direction : "C'est lui, mais il a changé d'apparence." Cela a été le *coup de grâce* [en français] pour lui. Le jury a délibéré pendant près de six heures, ce qui nous a fait craindre le pire. Les jurés sont revenus en nous expliquant qu'ils n'étaient pas parvenus à un accord sur le verdict à prononcer. Le juge leur a expliqué qu'ils devaient arriver à un compromis, sinon il serait forcé de les installer pour une journée supplémentaire à l'hôtel. Ils sont repartis délibérer pendant trente minutes, avant de revenir avec un verdict de culpabilité. Six ou sept ans plus tard, j'ai croisé un des jurés que je connaissais et je lui ai demandé pourquoi ils avaient pris autant de temps pour se décider. En fait, ils s'étaient mis d'accord sur un verdict de culpabilité au bout de trente minutes à peine, mais ils ont eu peur de perdre leur crédibilité, du coup, ils ont décidé de se raconter l'histoire de leur vie pendant le reste du temps. Dès le début, le verdict a été unanime, six voix pour sa culpabilité, zéro pour son innocence. Le juge Trowbridge a prononcé une sentence de deux réclusions criminelles à perpétuité, sans possibilité de libération conditionnelle, ce qui était inhabituel à l'époque en Floride. En juillet 1972, la

Cour suprême des Etats-Unis a déclaré que la peine de mort était contraire à la Constitution, et notamment au 8e Amendement. La Floride s'était bien sûr mise en conformité avec cette décision fédérale qui devait s'appliquer le 1er octobre 1972. Donc une personne qui avait commis un crime entre le 20 juillet et le 1er octobre 1972 ne pouvait plus écoper de la peine de mort. Cela a été le cas pour Gerard Schaefer, à quatre ou cinq jours près, puisque ses deux assassinats ont été perpétrés entre le 25 et le 27 septembre 1972. Il a eu beaucoup de chance sur ce coup-là, car si quelqu'un méritait d'être exécuté, c'est bien lui. Schaefer est, sans l'ombre d'un doute, le pire individu qu'il m'ait été donné de rencontrer et pourtant j'ai travaillé sur plus d'une centaine d'affaires d'homicide. Froid, calculateur, sans l'ombre d'un remords, cruel, inhumain, il n'existe pas de termes dans le vocabulaire pour le qualifier. Quand il vous regardait droit dans les yeux, vous saviez qu'il vous tuerait s'il en avait la possibilité car l'envie était là. Son sourire était toujours odieux, destiné à vous affirmer sa supériorité.

« Pendant l'enquête Elton Schwarz, son avocat, qui avait été commis d'office, lui avait recommandé de garder le silence. Pendant le procès, il couchait avec Teresa, l'épouse de Schaefer, qu'il a fini par épouser après leur divorce. Durant les audiences, l'accusé est resté silencieux. Par contre, pendant les pauses où les jurés n'étaient plus présents dans la salle, Schaefer ne s'est pas privé de menacer le procureur Philip Schailer qui représentait le comté de Broward : "Hé, Schailer, tu sais que j'ai fait un pique-nique avec ta femme et tes gosses pendant que je vivais à Wilton Manors" ou encore "Schailer, je sais où tes gosses vont à l'école", le tout accompagné de son ignoble sourire. Schailer s'est plaint au juge Trowbridge qui a interdit à Schaefer d'adresser la parole au procureur. Après sa condamnation à perpétuité, Gerard Schaefer m'a écrit plusieurs lettres de menaces de mort et il a fait pareil avec son avocat Elton Schwarz, qui lui avait "volé" son épouse, et le juge Trowbridge. J'étais le troisième sur la liste, donc tant que le juge était vivant, je savais que je ne risquais rien ! Et je suis sûr qu'il serait passé à l'acte s'il avait été libéré de prison.

« Les recherches sur les autres disparitions de femmes liées à Gerard Schaefer n'ont jamais été closes, mais on ne peut pas dire qu'elles ont fait l'objet d'investigations poussées. Seule exception, lorsque les restes des deux jeunes filles de l'Iowa ont été découverts quelque quinze ans plus tard, car là, nous avions une affaire où Schaefer était passible de la peine de mort. Nous avions donc toujours cet atout dans la manche au cas où il viendrait à être libéré. Mais, à la fin des années 1980, nous étions certains qu'il ne sortirait plus jamais de prison.

« Pendant son incarcération, la spécialité de Schaefer consistait à soutirer des aveux aux codétenus pour tenter ensuite de négocier des remises de peine avec les autorités. Un officier de police d'Orlando, qu'il avait aidé à résoudre une enquête, a voulu témoigner en sa faveur. Mais nous l'avons contacté pour lui expliquer qu'il serait responsable de nombreux meurtres, s'il aidait Schaefer à recouvrer la liberté. Avec un nouvel avocat, Schaefer a tenté de faire croire que j'étais corrompu et que je l'avais fait condamner uniquement pour en tirer un bénéfice électoral. Dans l'établissement de Florida State Prison, à Starke, il était l'unique détenu à posséder un appareil électrique pour chauffer l'eau, et il en tirait profit en vendant l'eau chaude, je crois que c'était un dollar pour le contenu d'une bouilloire. Sauf qu'un jour, en 1995, un grand balèze n'a pas voulu payer et, avec une cuillère dont le manche avait été aiguisé, il a poignardé Schaefer à de nombreuses reprises à la veine jugulaire.

« Il savait se montrer charmant lorsqu'il s'agissait d'embobiner les gens. La mère de Georgia Jessup m'a raconté qu'on lui aurait donné le bon Dieu sans confession lorsqu'il est venu sonner à la porte du domicile familial pour emmener les deux jeunes filles. Et elles ne sont jamais revenues.

« C'était le chouchou de Doris, un fils à sa maman, à tel point qu'adolescent il dormait encore dans le lit de sa mère. Et cela a duré jusqu'à l'âge de 20 ans. Sa mère nous a indiqué que son fils était fasciné par les matières fécales. Elle retrouvait souvent ses culottes découpées aux ciseaux, au niveau des parties génitales. Enfant, il cassait systématiquement tous ses jouets.

« Je l'ai rencontré pour la première fois le jour où nous l'avons inculpé pour meurtre au premier degré. Il était déjà incarcéré depuis plusieurs mois pour tentative d'enlèvement. A l'époque, nous n'avions que des preuves indirectes de son implication pour meurtre et notre obstacle principal demeurait la cause du décès. Le médecin légiste nous avait assurés qu'il pourrait témoigner en faveur d'une mort non naturelle, mais c'était tout. Schaefer et son avocat désiraient qu'il soit examiné par un psychiatre, afin de prouver qu'il était irresponsable de ses actes lors de cet enlèvement. Son défenseur savait pertinemment que c'était une course contre la montre. Pendant l'audition, le juge pouvait décider de le placer dans un établissement psychiatrique. Il fallait à tout prix le mettre en examen avant cette date. Nous nous sommes réunis dans mon bureau. Nous étions cinq, trois avocats et deux enquêteurs. Vers vingt-trois heures, nous avons décidé de poursuivre Gerard Schaefer dès le lendemain, malgré le manque de preuves.

« Mes premières impressions sur Schaefer ? Un manipulateur, très arrogant. Il avait beaucoup de charme et c'était un beau parleur qui se servait toujours des autres à son propre profit. Tout le monde nous l'a dit, les deux jeunes filles kidnappées, son beau-frère, son épouse, la mère de Georgia Jessup. Dès que je l'ai aperçu, j'ai su que c'était lui. J'étais face à un assassin. Son regard et son sourire étaient réellement diaboliques, je ne vois pas d'autre terme. Ce meurtrier était très intelligent et rusé, et c'était un serial killer. Ce qui me rend particulièrement triste, c'est que sa mort en 1995 n'a pas permis d'élucider tous les *cold cases* du comté de Broward. C'est une authentique tragédie pour les familles de disparues.

« Les scènes de crime de Gerard Schaefer se ressemblent toutes. Des lieux boisés, avec une végétation très dense, à l'écart des chemins, des marais. La découverte des restes de ces deux disparues a été un coup de chance. C'est un collecteur de canettes en aluminium qui nous a mis sur la piste de Schaefer, à Hutchinson Island, tout près de la nouvelle centrale nucléaire. C'était une vraie jungle. Quinze ou seize ans plus tard, les corps de deux autres auto-stoppeuses, Colette Goodenough et Barbara Ann Wilcox, qui avaient été vues pour la dernière fois une semaine avant que Schaefer ne soit incarcéré, ont été trouvés à l'ouest du comté de Sainte-Lucie, près de l'autoroute I-95. Là aussi, c'était un lieu similaire au précédent. A Fort Lauderdale, c'était pareil, des endroits isolés où personne ne se rendait. A cette époque, Schaefer vivait à Stuart et sa mère résidait à West Palm Beach. Voilà pourquoi il a fait enlever de son domicile tous les objets et documents pouvant l'incriminer pour les cacher chez sa mère. En tant qu'officier de police, Schaefer savait que nous allions obtenir un mandat de perquisition. Si son beau-frère ne nous avait pas refilé le tuyau, je ne pense pas que nous aurions découvert tous ces indices.

« Il y a quelques années, Sondra London est venue m'interviewer. Elle m'a laissé entendre que Schaefer lui avait avoué ses crimes. » Robert Stone regarde mon interview filmée de Gerard Schaefer. « C'est visible qu'il prend son pied. Il espère que je vais voir cette vidéo[1]. Il a sa place en enfer. On voit bien qu'il cherche à vous manipuler, à vous faire croire qu'il est innocent. C'est vraiment le pire tueur que j'aie pu croiser et, dans toutes mes lectures, je n'ai jamais trouvé pire. Regardez-le. Son sourire, ou plutôt sa grimace. Il adore ça ! Et s'il était encore en vie, il aimerait beaucoup visionner l'interview où nous parlons de lui. Il n'a pas changé, je le retrouve tel qu'il était. C'est incroyable. » Robert Stone rit. « Traiter Ted Bundy de malade ! C'est la meilleure ! Vous avez un document incroyable car il vous avoue ses crimes… devant une caméra. Sa façon de parler, ses expressions, son sourire… En voyant ces images, je n'ai qu'un seul regret. Que l'Etat de Floride n'ait pas pu l'exécuter. S'il existe une seule personne au monde qui ait mérité la peine de mort, c'est bien Gerard Schaefer. Aucun doute dans mon esprit. J'aurais même été prêt à me porter volontaire pour presser le bouton. Je pense à toutes ces familles, je me souviens des proches de Susan Place et de Georgia Jessup lors du procès de Schaefer. Je sais l'enfer que ces familles ont vécu. Quant à ces deux jeunes femmes qui ont échappé à ses

1. Tournée en 1991 et que Robert Stone a vue dix-huit ans plus tard.

griffes, elles m'ont dit qu'elles n'avaient pu dormir la nuit pendant des mois. Elles ont eu une chance inouïe de s'en sortir vivantes. Mais maintenant, il a payé. Et s'il y a un "après", je sais où ce salopard se trouve. »

Chapitre XI

« KILLING TIME »

« Elle s'attendait à une invitation à dîner, mais elle a eu droit à un voyage le long d'une route déserte. L'ordre lui est donné de sortir du véhicule pour être soumise à une fouille méticuleuse. Puis elle est menottée, un bandeau sur les yeux. Elle est guidée dans l'obscurité vers le lieu d'exécution. Un coup de main pour l'aider à grimper sur l'échelle et s'asseoir à son sommet. La taie d'oreiller couvre son visage, avant que la corde soit placée. Elle reste installée sans bouger, telle une lady, pendant que j'ajuste le nœud coulant. Il est évident qu'elle n'a aucune idée du sort qui l'attend. Je lui raconte plusieurs histoires sur le Viêt-nam, et je dois passer un appel sur la radio. Je l'avertis qu'au moindre bruit de sa part, elle sera pendue sur-le-champ. Je retourne à la voiture pour boire un coup et je me rapproche du lieu d'exécution. J'attache la corde au pare-chocs arrière : si je démarre, l'échelle bascule et elle sera suspendue au bout de la corde. Je retourne la voir pour lui demander si elle est bien installée. Elle me répond qu'elle s'ennuie et que je dois me dépêcher de terminer ce que j'ai à faire. Je l'assure de ma détermination. Je reviens vérifier que la corde est bien fixée. Je lui demande de se mettre debout, mais elle a peur et je la laisse se rasseoir. Elle est très digne dans sa robe de mousseline de soie noire, avec sa permanente, son collant noir et des chaussures à talons aiguilles. Elle est parfumée et très sexy. Je m'installe à nouveau au volant pour finir la bouteille de vin et, sur le coup de 9 heures du soir, j'allume le moteur. Je le laisse tourner quelques minutes avant de démarrer brusquement. Puis je coupe le contact et je quitte le véhicule pour voir si les branches bougent encore ou s'il y a du bruit. Rien. Au bout de quinze minutes d'attente que j'estime suffisantes pour qu'elle soit morte, je m'approche lentement de la clairière où se trouve le lieu d'exécution. Il n'y a rien d'autre qu'une corde enroulée autour d'une branche, avec une échelle en dessous. J'ai une lampe torche, mais je n'ai presque pas envie de voir. Je m'approche dans les ténèbres et je devine sa silhouette qui tournoie lentement. J'avance de quelques pas et j'allume la lumière. Je suis un peu choqué. Il y a beaucoup de sang qui tache la taie d'oreiller blanche. La corde s'est profondément enfoncée dans les chairs, elle a le visage penché de côté, car j'ai placé le nœud sous sa mâchoire gauche. Je constate que ses pieds ne sont plus attachés. Elle a dû briser les liens lors de son agonie et elle ne porte plus qu'une seule chaussure. Je dois sûrement trembler lorsque j'introduis avec lenteur ma main sous sa robe. Mes doigts remontent doucement vers le haut. J'ai une érection gigantesque lorsque ma main se glisse entre ses cuisses encore chaudes. A mes yeux, elle est bien vivante. Elle a souillé d'urine sa culotte. Je soulève la jupe pour lui enlever le collant ; maintenant elle ne porte plus que son slip. Je pousse mes doigts sous le bord, à hauteur de sa chatte, pour me diriger vers son trou de balle, en espérant y découvrir un beau tas de merde. Mes doigts effleurent les poils de cul. Son trou est ouvert et mon index pénètre avec aisance dans le rectum en chaleur. Il y a un peu de matières fécales qui souillent l'intérieur de son slip, ainsi qu'autour de son trou de balle, mais je suis déçu car je m'attendais à une plus grande quantité. Je retourne à la voiture, je me déshabille, et je reviens auprès d'elle. Je la détache et dépose le corps sur le sol. J'enlève sa jupe et je descends sa culotte sur les chevilles. J'installe le cadavre sur une caisse que j'ai emportée pour ça, elle a le cul en l'air et je la sodomise. J'éjacule presque aussitôt, j'en suis désolé pour elle. Oh, j'oubliais, avant de défaire le nœud coulant, je lui ai retiré la taie d'oreiller pour examiner son visage. Il était tout bouffi et marbré. Les yeux fermés et gonflés à hauteur des tempes, la bouche ouverte avec la langue à peine visible. Cela m'a rendu malade, mais je ne lui ai pas remis la taie d'oreiller, à cause du sang. Je ne supporte pas la vue du sang. Au bout de quelques minutes, je l'ai chevauchée à nouveau pour la baiser au même endroit. C'était encore chaud et j'ai joui très vite. Puis je l'ai complètement déshabillée et j'ai jeté tous ses vêtements en un tas. J'ai porté son corps sur un siège de toilettes que j'avais posé sur deux caisses. Elle avait l'air affalée sur les chiottes. Je me suis glissé sous le siège pour regarder sa chatte et son trou du cul, en jouant avec, tout en m'imaginant qu'elle allait me pisser ou me chier dessus. Au bout d'un moment, j'en ai eu marre et je suis retourné à la voiture où je crois que j'ai dormi un peu. Je suis retourné la voir et je me suis rendu compte que sa peau commençait à refroidir, mais qu'elle était toujours chaude à l'intérieur lorsque je l'ai à nouveau baisée dans le cul. Cette fois-ci, j'ai laissé son corps étalé par terre, avec les fesses pointées vers le ciel comme si elle s'agenouillait.

« Je suis retourné dormir dans la voiture, je me sentais mal, l'estomac perclus de crampes. Après, je suis allé à nouveau la fourrer dans le trou de balle. Elle était non seulement froide, mais commençait aussi à se rigidifier. Je me sentais moi aussi glacé avant de faire une petite sieste sur la banquette arrière. Pendant ce temps, je l'ai laissée étendue sur un lit d'aiguilles de pins. Le jour s'était presque levé lorsque j'ai traîné son corps raidi jusqu'à la corde. Je lui passe le nœud coulant pour la suspendre dans la lumière grise du matin. Je veux voir de quoi elle a l'air. J'ai du mal à la soulever, du coup, je la décroche pour me servir d'une branche moins élevée. Je retire les menottes pour la première fois et je constate à quel point elle s'est abîmé les poignets en tentant de se détacher. Quelques heures plus tôt, je m'étais allongé sous elle pour la regarder sous toutes les coutures avec ma lampe de poche, mais, à la lumière du jour, elle était nettement moins appétissante. J'ai pris un jupon dans le coffre pour lui enfiler et, pendant qu'elle était suspendue à la corde, je me suis tenu debout derrière elle sur une caisse pour la baiser. Mais c'était difficile car elle n'arrêtait pas de se balancer. Le cadavre était complètement froid, ce qui a eu le don de m'exciter d'une autre manière. Après avoir joui, je la décroche pour l'envelopper dans un drap que je transporte jusqu'au coffre du véhicule. Je rassemble tous ses vêtements, sauf sa culotte et son collant qui sont trempés de sa pisse, et que je veux garder comme souvenirs.

« Je me dirige vers un autre endroit désert et je sors le cadavre, toujours enveloppé dans le drap. Je la tire avec beaucoup de difficulté le long d'un sentier de broussailles et, après une centaine de mètres, j'arrive au bord d'un canal. Elle pesait très lourd et je peux vous dire que ça a été un sacré boulot. C'est là que je veux me débarrasser du corps. Je la fais tomber hors du drap.

En plein jour, je m'aperçois qu'elle porte toujours une boucle d'oreille et un collier en or. Je les jette dans le canal. Je balance ses fringues un peu plus loin, avant de la faire rouler dans une crique entourée de palmiers. Le jour ne me cache rien de l'aspect grotesque de son cadavre en état de *rigor mortis*. Elle a d'énormes hématomes sur les jambes, peut-être causés par les derniers soubresauts de son agonie. Avec son visage boursouflé et ses poignets abîmés, elle n'est pas au mieux de sa forme. Je la positionne, le cul en l'air, pour la baiser encore une fois, puis je la retourne et je constate pour la première fois que sa touffe est châtain-roux. Avec beaucoup de mal, je lui écarte les cuisses raidies pour la bourrer en face à face. Une fois soulagé, je me repose un moment à côté d'elle. Ensuite, je la jette dans le canal la tête la première. Sa chevelure châtain flotte à la surface, tandis qu'elle s'enfonce petit à petit dans les jacinthes. L'eau finit par recouvrir ses fesses et pénètre dans son trou du cul. Je lâche ses jambes et elle disparaît dans les flots. Je retourne sur le lieu d'exécution pour effacer toute trace de notre venue. Je jette son sac, son agenda et le drap au fond d'un ravin. Puis je vais chez Lum's pour me payer un repas avec son argent, mais je n'ai pas trop apprécié.

« Deux semaines plus tard, je suis curieux de savoir ce qu'elle est devenue. Est-ce qu'elle est remontée à la surface ? Je suis horrifié par la vue de ce corps boursouflé et tout bouffi. Elle flottait sur le ventre avec sa chevelure étendue sur les épaules. Ses fesses affleuraient, me laissant voir ce qui restait de sa chatte et de son trou de balle. Les asticots s'étaient mis à l'ouvrage et il y avait un grand trou qui englobait maintenant son sexe et son trou du cul. Ça puait du feu de Dieu. Elle était en pleine putréfaction avec des nuées de mouches qui l'enveloppaient. A l'aide d'une branche, j'ai essayé de la faire disparaître sous la surface de l'eau. Comme je n'y arrivais pas, j'ai cueilli beaucoup de lis pour la cacher. Les lis avaient une drôle de couleur rouge sang.

« Je laisse passer plusieurs semaines avant d'y retourner. Les lis rouges s'étaient éparpillés et je tente à nouveau de la faire couler, cette fois-ci avec un fusil de chasse. L'odeur est tellement abominable que j'ai du mal à ne pas gerber. J'y suis retourné à plusieurs reprises, en prenant soin de me tenir à l'écart de l'odeur. Elle a fini par pourrir et, lorsque je n'ai plus pu supporter la puanteur, j'ai pris une branche pour la sortir de l'eau. Je l'ai frappée de toutes mes forces pour accélérer le processus de démembrement. Au bout d'un moment, les asticots en ont eu marre. En tout cas, j'ai réussi à briser le corps pour le faire disparaître. J'ai emporté le crâne pour laisser les fourmis lui bouffer la cervelle, si elle en avait une. A l'aide d'une pince, j'ai arraché les dents pour les disperser dans tout le comté. La mâchoire inférieure a été enterrée et j'ai jeté le crâne dans un autre canal à quinze kilomètres du corps. Tous ses restes sont éparpillés sur une distance d'environ quarante-cinq kilomètres carrés et j'espère qu'elle va continuer à faire partie de la liste des disparues, bien qu'il n'existe aucun lien entre nous. »

Chapitre XII

EN PRISON

Le 4 octobre 1973, Gerard John Schaefer est officiellement condamné à la réclusion criminelle à perpétuité pour les assassinats de Susan Place et Georgia Jessup. Une libération conditionnelle ne peut pas être envisagée avant février 2017.

Le verdict prononcé, le procureur Robert Stone annonce dans une interview avec la journaliste Pat Quina que son équipe et lui vont poursuivre leurs investigations : « Schaefer est lié à d'autres assassinats, entre sept et neuf, peut-être même vingt-huit. Je l'ai déjà dit et je le confirme. Mon opinion personnelle est que sa place est en prison et non pas dans un hôpital psychiatrique. » Le 30 septembre 1973, il ajoute que ces enquêtes concernent Colette Goodenough et Barbara Ann Wilcox, de Cedar Rapids, dans l'Iowa ; Leonard Masar, 46 ans, découvert dans une palmeraie à moins d'un kilomètre de l'endroit où il a ligoté Pamela Sue Wells et Nancy Trotter. Stone indique qu'il a pu relier Schaefer aux disparitions d'Elsa Farmer et Mary Alice Briscolina, de Leigh Hainline Bonadies, Carmen Hallock et Belinda Hutchens.

Incarcéré à la prison d'Avon Park, Schaefer reçoit la seule et unique visite de son épouse Teresa Dean, le 17 novembre 1973, qui lui présente des papiers de divorce. Deux semaines plus tard, le 30 novembre, son ex-femme de 21 ans épouse l'avocat Elton Schwarz, âgé de 45 ans.

Dans les années qui suivent, Schaefer fait appel à une vingtaine de reprises de sa condamnation, évoquant une conspiration de policiers et d'hommes de loi du comté de Martin qui seraient à la tête d'un réseau de trafiquants de drogue. Il aurait été piégé pour le meurtre de deux informateurs, car il refusait d'œuvrer pour le compte de leur organisation criminelle.

En 1979, Gerard Schaefer annonce qu'il a épousé une correspondante originaire des Philippines. La jeune femme effectue plusieurs visites conjuguales en juillet 1980 à la prison d'Avon Park, où la sécurité est minimale comparée à d'autres établissements de Floride, avant de s'installer chez le père divorcé de l'ex-shérif adjoint. Elle obtient sa carte de résidente en 1985 et disparaît dans la nature, sans plus jamais revoir son « mari ».

Parmi les mille cent détenus d'Avon Park, il y avait une cinquantaine de pédophiles, notamment Eric Cross, connu sous le surnom de « Roi du porno ». Schaefer et Cross décident de monter une opération. Par le biais de petites annonces dans un journal de Tampa, ils engagent les services d'un photographe supposé prendre des clichés de fillettes nues qui serviront de modèles pour un film tourné en Europe. Plusieurs séquences de ce film devaient montrer ces enfants se livrant à des rites de fertilité au Brésil, ou comme plongeuses en Asie à la recherche de perles ou encore dans des saunas. Si certains parents refusent que leurs filles soient ainsi utilisées, l'appât du gain finit par emporter l'adhésion de sept d'entre eux. Mais une seule photo convient à Eric Cross, dont le but est de fournir des réseaux pédophiles et de gagner de l'argent. L'un des détenus dénonce Cross qui écope d'une peine de prison supplémentaire, sans que Gerard Schaefer soit inquiété.

Quelques semaines plus tard, en septembre 1985, Gerard Schaefer est accusé de tentative d'évasion. Son but était d'assassiner le juge Pfeiffer Trowbridge, le procureur Robert Stone, son avocat Elton Schwarz, ainsi que son ancienne épouse Teresa, en ayant recours aux services d'un tueur à gages, un codétenu libéré peu de temps auparavant. Mais ce dernier dénonce Schaefer auprès des autorités et il est transféré à Florida State Prison, à Starke, un établissement de haute sécurité qui possède un couloir de la mort. C'est là aussi qu'ont lieu toutes les exécutions de l'Etat de Floride.

Avant même son transfert à Starke, Schaefer, en authentique « serial writer », inonde les différents services de police de Floride de lettres pour leur demander s'il est considéré comme un suspect dans telle ou telle disparition de jeunes femmes. Un exemple ? Ce courrier daté de 1983 et adressé au Lake County's Sheriff Department : « Ces deux-là qui ont disparu de la forêt d'Ocala[1]. Des flics et des journalistes pensent que c'est moi. On pourrait en discuter ? » Dans d'autres courriers, il se vante auprès des autorités : « Je peux vous montrer les lieux où j'ai enterré trente-quatre corps. Il y a même un coffre rempli de têtes coupées. J'ai commencé à tuer en 1963, à 17 ans. »

A Florida State Prison, l'ex-shérif adjoint est à l'isolement vingt-quatre heures sur vingt-quatre, il n'a pas accès à la télévision et mange dans sa cellule. Son choix

1. Nancy Leichner et Pamela Ann Nater.

de livres est restreint et il a droit à une douche et une promenade par semaine.

En octobre 1985, Rick McIllwain, un enquêteur de l'équipe du procureur Robert Stone, déclare qu'ils ont peut-être découvert le « chaînon manquant » pour relier Gerard Schaefer aux assassinats de Barbara Ann Wilcox et Colette Goodenough. En 1981, le crâne d'une des deux jeunes femmes a été découvert au fond des eaux du canal C-24, grâce au témoignage d'un détenu de Florida State Prison qui affirme que Schaefer lui a avoué ce double meurtre. S'il avait été reconnu coupable de ces deux crimes, Schaefer aurait été, cette fois-ci, passible de la peine de mort, qui avait été réinstaurée entre-temps en Floride. Mais il ne sera jamais mis en examen pour ces disparitions.

Début décembre 1985, l'ex-shérif adjoint se plaint de vertiges et il est admis pour des soins au Lake Butler Medical Reception Center, du 13 décembre au 30 décembre 1985.

Il met à profit ses talents de connaisseur en matière de perversions sexuelles pour poster des petites annonces dans plusieurs magazines pornographiques, grâce à des contacts extérieurs. Pour tous ses clients, Schaefer adopte des pseudonymes féminins. Contre l'envoi d'argent, « Maîtresse Felice », une dominatrice, envoie à ses « esclaves » ses petites culottes souillées qu'ils doivent retourner, après les avoir lavées. « Matrone Miller » est une veuve noire en attente d'être exécutée et « Jessica Zurriaga », une prostituée. Schaefer adresse également des lettres d'amour à des détenus d'autres prisons pour se moquer d'eux.

Comme il possède un diplôme en droit et en criminologie, il met à profit son expérience pour « aider » les autres prisonniers à obtenir certaines faveurs ou à coucher sur le papier des recours en justice. Toujours aussi manipulateur, Schaefer recueille les confessions de plusieurs criminels qui lui avouent leurs crimes et qu'il s'empresse de dénoncer auprès des autorités judiciaires, dans l'espoir de pouvoir négocier des remises de peine. A cause de cette confession, l'un des « clients » de Schaefer se retrouve condamné à mort. Un jeu très dangereux car les mouchards sont encore plus mal considérés en prison que les violeurs d'enfants ou les « pointeurs ».

1986 est l'année où Schaefer fait la connaissance de Ted Bundy qui se trouve dans le couloir de la mort de la prison de Starke. Lorsque je me rends dans cette prison pour la première fois en 1991, plusieurs gardiens et le directeur adjoint de l'établissement me confirment que les deux hommes discutent souvent ensemble lors de promenades. Schaefer a toujours affirmé que Ted Bundy était l'un de ses fans et qu'il avait tué Janice Ott et Denise Naslund en juillet 1974 en imitant un double crime de l'ancien policier dont il avait lu le compte rendu dans un magazine de faits divers. « Bundy était en admiration devant moi, il gobait toutes mes paroles. Il me traitait toujours avec le plus grand respect. Il était obsédé par le nombre de mes victimes car il craignait que j'en ai plus que lui. Mais je ne lui ai jamais rien dit à ce sujet. » Gerard Schaefer et Ted Bundy ont des discussions très techniques, à savoir comment nettoyer l'intérieur des véhicules lorsque les victimes défèquent et urinent lors de leur décès. Ou comment gérer le problème des asticots lorsqu'on viole un cadavre.

Autre confident de Schaefer, le tueur en série cannibale Ottis Toole, condamné à six peines de prison à perpétuité. D'une intelligence limitée, il a aussi semé la mort avec son complice et amant Henry Lee Lucas. En 1988, lorsqu'il se lie d'amitié avec Gerard Schaefer, Toole avoue à plusieurs reprises avoir enlevé Adam Walsh, un petit garçon de 7 ans, disparu le 27 juillet 1981 d'un centre commercial à Hollywood, en Floride. Mais, à chaque fois que les autorités viennent l'interroger à ce sujet, le cannibale revient sur ses aveux. On retrouve la tête décapitée de l'enfant dans un canal à Vero Beach, le 10 août de la même année. Des témoignages attestent que Toole était présent sur place ce jour-là et plusieurs témoins ont vu Adam monter á bord d'un véhicule dont le pare-chocs était endommagé, ce qui était le cas de la Cadillac du tueur en série. L'enquête connaît d'énormes ratés, car les investigations se focalisent au départ sur le père d'Adam, John Walsh. A l'intérieur de la voiture d'Ottis, un tapis de sol présente des taches de sang et une machette suspecte est saisie. Lorsque Toole avoue le crime et donne des détails précis sur le déroulement des faits qui correspondent au scénario de l'enlèvement, la police décide de rouvrir le dossier, mais se rend compte, en 1994, que le tapis de sol, la machette et même la Cadillac ont été égarés, voire détruits. Il ne faut pas oublier qu'en 1983, l'ADN n'en était encore qu'à ses balbutiements. D'après les aveux du serial killer, il aurait roulé pendant une heure en compagnie d'Adam en lui disant qu'il voulait en faire son « fils adoptif ». Devant le refus de l'enfant, Ottis Toole se fâche, le frappe au visage avant de l'étrangler. Il décapite le cadavre en conservant la tête pendant plusieurs jours avant de la jeter à l'eau. Le reste du corps est incinéré dans un frigidaire à l'abandon. Le 16 décembre 2008, le chef de la police d'Hollywood, Chad Wagner, annonce en présence de John Walsh que l'affaire est définitivement close et que le suspect numéro un de ce crime est Ottis Toole.

A un moment donné, Jeffrey Dahmer, le « Cannibale de Milwaukee », est suspecté de ce crime, ce que l'intéressé a toujours nié. John Walsh deviendra par la suite un fervent défenseur du droit des victimes et il participe à la création de l'organisation « National Center for Missing and Exploited Children ». Il est aussi le présentateur d'une célèbre émission de télévision, « America's Most Wanted ».

Ottis Toole est condamné à mort pour le meurtre de George Sonnenberg, le 18 mai 1984. Mais, en novembre 1985, la Cour suprême de l'Etat de Floride change cette condamnation en perpétuité, estimant que son jugement n'a pas tenu compte de circonstances atténuantes, notamment son état mental au moment du meurtre. Toole décède le 15 septembre 1996 des suites d'une maladie du foie et du sida dans la prison de Starke.

Comme Ottis Toole sait à peine écrire, Gerard Schaefer a l'idée d'envoyer un courrier en son nom à John Walsh, où il demande 50 000 dollars pour révéler le lieu des restes d'Adam, « afin que vous puissiez l'enterrer décemment et en bon chrétien ». Walsh ne répond pas à la lettre et Toole est furieux contre Schaefer, avant que ce dernier ne parvienne à le calmer.

Je rencontre Ottis Toole en novembre 1991 à Florida State Prison, la même semaine où j'interroge Gerard Schaefer, et je le questionne sur l'enlèvement et l'assassinat du jeune garçon : « Comment se fait-il que vous ayez avoué le meurtre du petit Adam Walsh, dont Gerard Schaefer a écrit la confession en votre nom ?

– Ce n'était pas mon crime… dans un livre, on a écrit que j'étais le suspect numéro un… on a essayé de dire que c'était moi, mais j'ai été innocenté de ce crime… c'est dans le livre sur Henry… ça a fait plein d'histoires… il y a une femme qui déclare en Floride qu'il y a eu un autre crime semblable en 1985… avant celui-là… mais c'était une fille au lieu d'un garçon… elle avait 9 ou 10 ans… mais j'étais déjà en prison… ils n'ont jamais retrouvé le corps d'Adam Walsh… juste les têtes de Walsh et de cette fille… si j'avais commis le crime, je saurais où se trouve le corps… mais je l'ignore…

« Pourquoi avouer alors ? On m'a obligé… on m'a insulté, frappé, j'ai été obligé d'avouer… vous savez comment sont les gens : ils pensent que vous avez tué une fois, alors automatiquement, ils croient que vous en avez tué plein d'autres aussi… ils reviennent vous voir… ils veulent boucler leurs enquêtes et, au bout d'un moment, ils sont frustrés et ils vous obligent à avouer… Mais ce n'était pas mon crime… »

Le 24 janvier 1989, Gerard Schaefer perd son « fan » Ted Bundy, qui est exécuté sur la chaise électrique de la prison de Starke. A la même époque, son ancienne petite amie de Fort Lauderdale, Sandy Steward, devenue Sondra London, reprend contact avec lui, quatorze ans après avoir coupé les ponts. Elle vient de lire *Un tueur si proche* d'Ann Rule, où l'auteur y détaille sa relation avec Ted Bundy, et elle a l'idée de faire pareil au sujet de leurs amours en 1964-1965, à Fort Lauderdale. Le 8 février 1989, elle lui adresse un courrier, « Tu te souviens de moi ? » et mentionne son projet. Il se montre très enthousiaste à l'idée d'explorer « un territoire vierge ». Pour contourner la « loi du Fils de Sam », qui interdit à un criminel de profiter de la vente de livres relatant ses crimes dans la plupart des Etats américains, Gerard Schaefer décide d'écrire des textes de « fiction ». La « loi du Fils de Sam » fut adoptée lorsque David Berkowitz, le tueur en série new-yorkais, vendit le récit de ses meurtres à un tabloïd. Et l'ex-shérif adjoint d'affirmer qu'il fera don du produit des ventes à une œuvre de charité.

Lorsqu'ils se rencontrent pour la première fois, Sondra London est choquée par l'apparence physique de son ancien amant qui est devenu à moitié aveugle, chauve, gros, « on aurait dit un fonctionnaire en fin de vie ». Le 18 mars 1989, il lui écrit : « J'ai laissé Satan prendre le contrôle [de moi]. Je hais le Mal. J'ai toujours voulu détruire le Mal. Je me suis plongé dans cette bataille, mais, en même temps, celle-ci m'a annihilé. Dieu m'a sauvé en me permettant d'être piégé par des gens corrompus. J'ai mené une guerre contre le meurtre en série. Je crois que j'y suis arrivé grâce à Jésus-Christ. Ma propre foi en Jésus me garantit un avenir en tant qu'enfant de Dieu, mais cela ne m'empêche pas de croire en l'homme. Ma récompense, s'il y en a une, sera spirituelle. » Trois jours plus tard, la « spiritualité » de Schaefer paraît s'être envolée : « Je suis, en fait, un capitaine de la Mafia sudiste et j'ai le pouvoir de te faire assassiner. Il m'est déjà arrivé, par le passé, d'exercer ce pouvoir (...). J'appartiens au Syndicat [du crime]. On me connaît sous le surnom de "Don El Tigre". »

Les médias en Floride le surnomment, quant à eux, « Sex Beast », nom qui avait déjà été attribué à un autre tueur en série, Melvin Rees. Ce musicien de jazz est le criminel sexuel américain le plus connu des années 1950 avec Harvey Glatman. Surnommé « Sex Beast », cet amateur de pornographie et de marijuana assassine cinq personnes dans le Maryland et en Virginie. Il est aussi suspecté d'avoir tué quatre autres personnes. Lors d'une fouille de son appartement, la police découvre l'arme du crime et un récit détaillé de ses crimes. Condamné à mort par l'Etat de Virginie en 1962, sa peine est commuée en prison à vie en 1972. Melvin Rees décède d'une crise cardiaque derrière les barreaux en 1995.

En juin 1989, Media Queen, le nom de la maison d'édition de Sondra London, publie *Killer Fiction* (*Journal d'un tueur*), un recueil des textes de « fiction » de Schaefer. En fait de livre, il s'agit plus d'un fanzine. L'auteur n'est pas autorisé à recevoir son ouvrage, qui est confisqué par le personnel de Florida State Prison. Il ne le verra pour la première fois qu'en novembre 1991, soit deux ans et demi plus tard, lorsque je lui montre un exemplaire. Interrogé, par exemple, quant à son « expertise » sur la décomposition des corps ou sur ce qui se passe lorsqu'une victime décède, il prétend s'être renseigné auprès d'entrepreneurs de pompes funèbres et avoir vu bon nombre de personnes mourir de coups de feu et de coups de couteau pendant qu'il était en fonction au Martin County Sheriff Department. Un mensonge éhonté car il n'y a travaillé que pendant vingt-huit jours et il était principalement chargé de gérer le trafic routier ou de dresser des contraventions.

Le 18 janvier 1991, il propose à Sondra London de l'épouser car « une femme ne peut pas témoigner contre son époux, même s'il lui montre un coffre rempli de têtes coupées ». Mais, dès le lendemain, il change d'avis et l'accuse d'être à l'origine de ses meurtres : « Toutes ces femmes sont mortes, car tu n'as pas voulu m'aider à résoudre mes problèmes en 1965. Je désirais par-dessus tout te raconter ça, et tu m'as laissé tomber. Tu es partie en courant, tu m'as abandonné, et c'est ainsi que tout a démarré. » Le 20 janvier 1991, il n'hésite pas à se vanter : « Je suis le champion de tous les serial killers, et je peux le prouver. Quand je pends une fille, elle n'a même pas le temps de pisser sur la corde. Avec une machette, il ne m'a jamais fallu plus de deux coups pour décapiter une pute. Tu me demandes combien j'en ai tué ? Difficile à dire. Entre quatre-vingts et cent dix. L'une de ces putes s'est étouffée avec son vomi pendant qu'elle me regardait en train d'éviscérer sa copine. Est-ce que ça fait un meurtre ? Et celles qui étaient enceintes ? Je compte une ou deux, hein ? Tout cela peut prêter à confusion. » Et il poursuit : « Je n'ai jamais eu de problèmes sexuels. Je n'ai jamais été un criminel sexuel. Je suis unique. Je peux te l'assurer. »

La suite de *Killer Fiction*, *Beyond Killer Fiction*, est un échec commercial, à l'image du premier livre. Après une tentative avortée pour devenir chanteuse de cabaret, Sondra London tente de vendre l'idée d'un film sur Schaefer et elle se rend à Hollywood, mais personne ne s'y intéresse. Son rêve de devenir la nouvelle Ann Rule ne réussit pas mieux. Elle accepte une offre de mille dollars pour l'émission télévisée « A Current Affair ». Le journaliste Steve Dunleavy interroge Sondra qui déclare que « son ex-petit ami avait des pulsions de meurtre dès 1965 » et le procureur Robert Stone qualifie Schaefer de « monstre ». Lorsque le détenu voit ce reportage, il entre dans une fureur noire : « Ne m'adresse plus jamais la parole. Ici, j'ai croisé un certain nombre de membres d'un culte satanique. Pour exprimer ma gratitude, je leur ai parlé de ta fille. Ils viendront très probablement lui rendre visite un de ces quatre. »

Nous sommes début 1992 et Sondra London prépare une anthologie, *Knockin' on Joe – Voices from Death Row*, pour l'éditeur londonien Nemesis. L'ouvrage sera publié en 1993 et il contient des nouvelles, des récits, des dessins de condamnés à mort tels que Robert Fieldmore Lewis, Carl Panzram, Ottis Toole, Joseph O'Dell et Gerard Schaefer qui n'est pas prévenu de la publication. Mais c'est surtout Danny Rolling, « The Gainesville Ripper » (« l'Eventreur de Gainesville »), que Sondra London met en vedette. Elle le rencontre à de nombreuses reprises à Florida State Prison et finit même par se fiancer avec lui. Elle ne prend pas la peine de prévenir Schaefer de ses visites.

Danny Rolling tue cinq étudiantes de la ville universitaire de Gainesville en Floride. Par la suite, il avoue huit meurtres et est condamné à la peine de mort en 1994. Il est exécuté par injection létale le 25 octobre 2006. Entre-temps, Rolling et sa fiancée ont co-écrit chez Feral House *The Making of a Serial Killer – The Real Story of the Gainesville Murders in the Killer's Own Words*. L'ouvrage, qui paraît en 1996, est illustré par des dessins de Danny Rolling. Autant dire que la fureur de Schaefer se transforme en une rage folle à l'encontre de Sondra qui l'a complètement laissé tomber. En février 1993, la lettre du tueur en série à son intention débute par un « Salut, pute. La rumeur ici veut que la Reine des Putes flirte avec Danny Rolling. Tu m'appartiens et je sais ce qui t'intéresse : le fric. Grâce à toi Danny Boy va griller pendant que tu lui tonds la laine sur le dos. Je me trompe ? Vas-y ! Prends ton pied ». Dans d'innombrables courriers aux médias, il se lâche, traitant Danny Rolling de « pauvre type », de

« délinquant sexuel » qui « n'arrive à bander qu'avec des mortes ». Sondra en prend aussi pour son grade, « c'est une vieille peau de 45 balais, grosse et affreuse », « ce que j'écris la fait se masturber ».

L'année 1993 voit également Gerard Schaefer attaquer en diffamation, pour atteinte à son image. Il demande des dommages et intérêts à de très nombreuses personnes. Il affirme être dans l'incapacité de s'offrir les services d'un avocat et ses plaintes seront examinées une par une. Sondra London est l'objet de trois actions judiciaires différentes qui seront toutes rejetées. Il poursuit également Robert Ressler, le profiler du FBI, parce que celui-ci le cite en tant que « serial killer » dans ses conférences, l'odontologue Richard Souviron, qui a identifié la dent de Carmen Hallock en 1973 et a publié un article sur le sujet. Ce sont surtout les auteurs qui citent Schaefer dans leurs ouvrages en le qualifiant de « tueur en série » qui sont l'objet de sa vindicte, Colin Wilson, Ronald Holmes, Michael Newton, Patrick Kendrick, Joel Norris, Jay Robert Nash, Michael Cartelis et… Stéphane Bourgoin. Entre-temps, toujours aussi mégalomane, il m'envoie plusieurs lettres où il affirme être sûr d'être bientôt libéré. Il m'invite même, une fois libre, à venir partager avec lui une excursion dans les marais des Everglades : « Cher collègue, je te montrerai tous mes territoires de chasse, tu connaîtras tous mes endroits les plus secrets. On ira voir les différents arbres où je suis supposé avoir tué tant de femelles. » Il perd tous ses procès et, en fin d'année, alors qu'il se trouve dans la bibliothèque de la prison, un détenu le poignarde au visage et aux mains.

La situation empire pour Gerard Schaefer, car tout le monde ou presque sait que c'est une balance. On l'asperge de matières fécales, d'urine et on tente par deux fois de le brûler vif dans sa cellule. Son égérie Sondra London l'ignore et il tente par tous les moyens d'attirer l'attention sur lui, comme le prouve cette lettre non datée de 1993 à un cabinet d'enquêteurs privés : « Je suis connu pour avoir tué dans quarante Etats américains, quatre provinces du Canada, plusieurs pays européens et en Afrique, avec plus de vingt femmes assassinées dans une seule et même ville. N'importe qui vous confirmera ces faits révélés par la police. Ce n'est pas pour me vanter, mais juste vous donner un aperçu de mes activités entre 1963 et 1973.

« Ce que je suis prêt à faire pour vous à titre confidentiel – par respect pour les proches de ces femelles – est d'examiner vos dossiers, afin de vous confirmer si oui ou non je suis responsable de telle ou telle affaire. J'ai été condamné deux fois à perpète, donc aucun procureur ne va se précipiter sur un dossier des années 1965, sauf s'il existe une preuve irréfutable.

« Pour être plus précis, vous m'avez posé la question de la Nouvelle-Angleterre. J'y ai assassiné des femmes entre 1966 et 1970. Une période de cinq ans, j'avoue que je ne connais pas bien cet Etat, mais j'ai eu du boulot au nord de New York, à Long Island, près de Boston, sur la route qui mène vers Cape Cod – de bons terrains de chasse – et en chemin vers Newburyport ; aussi près de Brockton. Je ne peux pas vous dire exactement quand car j'étais tout le temps sur la route. Vous pouvez éliminer décembre, janvier, février, mars. C'était surtout l'été et, en 1968, à l'automne jusqu'à fin novembre.

« Le type de femelles que je me suis faites sont principalement des auto-stoppeuses, quelquefois des prostituées. Si, dans vos dossiers, vous avez ce genre de nanas ou des toxicos, je suis peut-être votre homme. J'ai souvent fait des doublons, donc concentrez-vous sur ce type de disparitions.

« Je me rends bien compte que ce sont des généralités, car nous sommes maintenant dans les années 1990.

« Comme ceci n'a aucun rapport avec une enquête officielle, je me propose d'examiner tout ce que vous voudrez m'envoyer. Des renseignements sur le physique de la jeune femme, les faits connus sur sa disparition comme la ville ou la route où on l'a vue pour la dernière fois et quelques photos. Des photocopies sont suffisantes. J'ai eu des conversations avec mes victimes et certaines se sont montrées très bavardes lorsqu'elles se sont rendu compte qu'elles allaient mourir. Plusieurs discussions sont restées gravées dans ma mémoire. Je pense notamment à cette fille, ouvrière dans une fabrique de chaussures, près de Brockton. Elle s'inquiétait du retard pour sa prise de service… jusqu'à ce qu'elle comprenne qu'elle allait mourir… Une autre m'a dit qu'elle allait se marier… une autre encore qu'elle était enceinte.

« Vous pourriez m'envoyer une photo de cette ouvrière et je vous révélerais alors un petit quelque chose qui confirmerait qu'elle figure à mon tableau de chasse, sans jamais vous dévoiler les détails du meurtre. Vous voyez ce que je veux dire ?

« Je ne demande pas d'argent pour cette aide. Je ne vous donnerai pas non plus le lieu où le corps est enterré, même contre une forte récompense.

« Mon travail doit être considéré comme volontaire et privé. Vous ne devez jamais révéler la source de vos informations. D'accord ? J'accepte des timbres pour faciliter nos échanges. »

Toutes ces « offres » de Gerard Schaefer n'ont jamais

été prises au sérieux par les différents services de police concernés. Etait-ce pour lui un moyen de revivre ses meurtres ? De se faire passer pour le plus grand serial killer de tous les temps ? De manipuler ses correspondants ? Ou espérait-il obtenir des contreparties ?

Toujours est-il que plusieurs services de police œuvraient sur des *cold cases* concernant Gerard Schaefer. Le lieutenant Ken Adams, pour le compte du comté de Martin, et le Fort Lauderdale Police Department pour les disparitions de Leigh Hainline Bonadies, Belinda Hutchens et Carmen Hallock. Le vendredi 1er décembre 1995, le lieutenant Tim Bronson téléphone à Florida State Prison afin d'interroger Gerard Schaefer le lundi suivant. Son but ? Inculper l'ex-shérif adjoint pour l'un de ces trois assassinats, afin de l'obliger à plaider coupable pour clore ces trois dossiers.

Mais le dimanche 3 décembre 1995, Gerard Schaefer est devant la porte de sa cellule en train de prendre un café avec un autre détenu, car il possède l'unique machine à chauffer de l'eau dans cette aile du bâtiment, où les soixante-seize prisonniers peuvent circuler librement. Un troisième homme survient, fait signe à l'interlocuteur de partir, et s'enferme avec Schaefer. Les gardes découvrent ce dernier tué de quarante-deux coups de couteau à la gorge et à la tête. Une empreinte de main ensanglantée sur l'un des murs est le seul indice de ce meurtre sauvage.

Pour Doris et Sara, la mère et la sœur de Schaefer, c'est Ottis Toole le coupable car l'ancien policier avait écrit quelques jours auparavant aux autorités qu'il possédait des informations précises sur l'endroit où se trouvait le corps du jeune Adam Walsh. Le fait que Schaefer soit considéré comme une balance en faisait une cible idéale pour de nombreux détenus, d'autant plus qu'il était un ancien flic. Pour plusieurs détenus, Schaefer aurait bu la dernière tasse d'eau chaude, ce qui aurait entraîné une dispute. Apparemment, le principal suspect, Vincent Faustino Rivera, aurait hurlé : « T'auras plus besoin d'eau chaude en ENFER, salope ! » Des détenus affirment que ce double meurtrier, Rivera, âgé de 33 ans, condamné à perpétuité, aurait indiqué son intention de tuer Schaefer, le jour précédent. Il aurait même montré son arme. Les investigations montrent que le pantalon et la chemise de Rivera sont tachés de sang.

Le 8 juin 1999, Vincent Rivera est condamné à purger cinquante-trois années de prison supplémentaires.

Chapitre XIII

LA RENCONTRE

Lorsque je rencontre Gerard John Schaefer pour la première fois, à partir du 18 novembre 1991, il est incarcéré depuis 1973. Il se trouve depuis 1985 à Florida State Prison, Starke. Starke possède une rue principale où habitent les employés de l'administration pénitentiaire des différents établissements carcéraux. C'est aussi un célèbre lieu de rassemblement de « bikers » qui font vrombir leurs Harley Davidson une fois par an pendant près d'une semaine. Je m'étais déjà rendu à de nombreuses reprises dès 1990, notamment pour des rencontres avec Gerard Schaefer, Gerald Stano, Danny Rolling, Roderick Ferrell ou Ottis Toole. Et je ne manque jamais de dîner au Cowboys, un excellent bar et restaurant tenu par un couple de motards. Les bières y sont servies dans des chopes en verre : un vrai régal, surtout après des rencontres avec des serial killers.

La rencontre avec Gerard Schaefer se déroule dans une minuscule pièce aux murs blancs et sans aucune fenêtre. Il y a une table et deux chaises en plastique. Il y règne une chaleur étouffante. A quelques mètres de là, un couloir mène à la salle où se déroulent toutes les exécutions de l'Etat de Floride. C'est là qu'est décédé Ted Bundy sur la chaise électrique en 1989.

« Vous êtes emprisonné depuis quand ?

– Depuis 1973.

– De quoi êtes-vous accusé ?

– Accusé ou reconnu coupable ? Car on m'accuse de beaucoup de choses.

– De quoi vous accuse-t-on ?

– On m'a accusé, au départ, d'avoir tué trente-quatre femmes. Mais personne n'a jamais pu citer tous les noms ou préciser les circonstances. Ces accusations sont fausses.

– Et vous êtes condamné pour… ?

– Pour le meurtre de deux femmes à Fort Pierce, en Floride. On n'a jamais prouvé ma présence là-bas, ni aucun lien entre moi et les victimes, mis à part le témoignage d'une des mères. » Cette dernière phrase est prononcée avec le plus grand mépris. « Je ne pense pas que vous soyez au courant, mais vendredi dernier, un cabinet d'enquêteurs privés du comté de Palm Beach a découvert la preuve qu'on avait monté un coup foireux contre moi. Le nom de cette agence est Viginia Snyder, 38 South Swinton, Del Rey Beach. Mme Snyder est très connue, on la retrouve dans de nombreux shows télévisés sur les affaires criminelles. Je lui avais transmis des informations, il y a quelques mois de cela, car personne ne croyait ce que je disais. J'ai toujours prié pour que la vérité éclate et, vendredi dernier, j'ai reçu un courrier de leur agence confirmant que j'avais été victime d'un coup monté. Et qu'ils accepteraient de témoigner, si des médias venaient les interroger. Vous êtes le premier à le savoir, à vous de jouer.

– Vous vous êtes vanté, dit-on, auprès de certains journaux, d'être “le plus grand tueur de femmes du siècle” ? » Lorsque je lui pose des questions, Gerard Schaefer penche la tête sur le côté. Quand ces questions ne lui plaisent pas, il se redresse brusquement sur sa chaise et son sourire de façade l'abandonne. Le pli de sa bouche se durcit et il devient véhément.

« Qui a dit ça ? Robert Stone ! » C'est le procureur au procès de Schaefer. « Ce n'est pas un secret. C'était en première page du *Palm Beach Post*, dans l'édition du 13 mai 1973. C'était même la une de l'édition du dimanche. Ce n'est pas de moi, mais de Robert Stone. Cela a été repris par le *Palm Beach Post*. Moi, je joue seulement les perroquets. » Il rit. « J'ai toujours dit que c'était faux. C'est une accusation qu'on a portée contre moi. Robert Stone a dit que j'étais "le tueur de femmes numéro un du siècle". » Il est très content de lui, quand il me dit cela. Il semble en éprouver une certaine fierté. « Faux. Il ment. Vous mentez, Robert Stone. » Il s'adresse directement à l'objectif de la caméra.

« Vous êtes fasciné par la pendaison et tout ce qui touche à la strangulation ?

– Je dessine beaucoup de personnages historiques qui ont un rapport avec les exécutions capitales. Ce sont juste des ébauches, vous savez. Je me suis passionné pour un ouvrage de Lawrence, *The History of Capital Punishment* (*L'Histoire des exécutions capitales*). On y montre l'évolution des différents châtiments infligés aux femmes. Elles étaient condamnées en fonction de l'ampleur de leurs crimes. On ne les pendait pas à l'identique et souvent même à des hauteurs différentes. Plus le crime était important, plus la distance était grande. Les femmes condamnées pour des crimes sexuels étaient suspendues bien plus haut que les autres. Mais c'étaient les pyromanes qui avaient droit à la plus grande longueur de corde. Tous ces dessins ont été saisis par la justice et utilisés lors de mon procès. Un vrai scandale…

Je reconnais que c'est embarrassant, parce que c'était un peu stupide de ma part d'avoir dessiné de telles choses.

– A la limite, on dirait que ça ne vous fait pas grand-chose d'être accusé d'avoir assassiné trente-quatre femmes ? Certains disent aussi que vous avez tué des petites filles ?

– Vous savez, ça fait vingt ans que je suis emprisonné et je commence à avoir l'habitude. » Il sourit. « Par contre, on m'accuse aussi d'avoir fait disparaître deux fillettes de 9 ans, Rahn et Stephenson. Cela a fait la une des journaux en Floride. J'étais absolument fou de rage. Moi, tuer une enfant de 9 ans ? J'ai un diplôme d'enseignant et je n'ai jamais commis de crime sexuel. Aucun des actes d'accusation à mon encontre ne fait mention d'un quelconque crime sexuel. Il n'y en a pas. Mais on me surnomme “Sex Beast”. De plus, ces enfants avaient encore leurs vêtements sur elles lorsqu'on les a retrouvées. Alors où est ce soi-disant crime sexuel et les mutilations dont parle la presse ? Personne n'aime être accusé de faire du mal à des enfants, sauf si c'est votre truc… et c'est pas mon truc. »

Je tente de le désarçonner par une question abrupte : « Quel est votre film favori ?

– *Frenzy* d'Alfred Hitchcock. » Il reste silencieux, car il se rend compte qu'il a commis une erreur. Rappelons que le film évoque un tueur en série de femmes à Londres qui étrangle ses victimes avec une cravate, après les avoir violées.

« La strangulation et la pendaison jouent des rôles importants dans vos récits…

– La strangulation n'est pas un acte sexuel, c'est plutôt une démonstration de toute-puissance. Teintée de sadisme, oui. Mais la toute-puissance est primordiale. Et je sais de quoi je parle puisque j'ai questionné beaucoup de serial killers qui étaient des étrangleurs.

– Et l'autoérotisme ?

– On peut dire que je suis un expert dans ce domaine. Pendant mon apprentissage en tant qu'auteur, je me suis fait beaucoup d'argent à l'université en la matière. Je suivais des cours de psychologie sur les perversions et les déviances. J'ai passé des petites annonces dans plusieurs magazines de cul et je recevais des courriers de personnes qui m'évoquaient leurs paraphilies particulières. Je faisais des photocopies de leurs "confessions" que j'envoyais à d'autres correspondants contre de l'argent. Cela m'a permis de financer mes études à l'université et, plus l'histoire était bizarre, plus elle me rapportait d'argent. Personne ne s'intéresse au sexe "normal", ça c'est juste de la pornographie. On ne peut pas gagner d'argent là-dessus, car c'est entre les mains de la Mafia. Par contre, le crime organisé ne s'intéresse pas du tout à Krafft-Ebing et à son ouvrage *Psychopathia Sexualis*. Encore maintenant, en prison, je gagne beaucoup de pognon avec ça, les gens m'écrivent et je leur réponds.

– Pourquoi devient-on un serial killer ?

– Difficile à dire… Prenez le cas d'Ottis Toole, il a été abusé pendant toute son existence et il n'est pas très intelligent. Vu ce qu'il a subi, on comprend aisément qu'il soit devenu violent. Son appartenance à cette secte, "The Hand of Death" ("La main de la mort"), il y a des jours où il me racontait qu'il partait dans les marais des Everglades, à la recherche de migrants ou de saisonniers pour les massacrer et les dévorer. Le lendemain, il pouvait me dire que tout ça était faux. Avec lui, on reste toujours dans l'incertitude. Mais, d'un autre côté, il y a ce détenu de Daytona Beach qui a été arrêté en possession des corps qu'il avait étranglés. Un type très intelligent. Lorsque vous le comparez à Ottis, c'est le jour et la nuit. Pourtant, ce sont tous deux des serial killers. Ce mec étranglait ses victimes pour les violer, une fois mortes. Ottis, quant à lui, vous tirait dessus, vous étranglait ou vous poignardait et, s'il avait une petite faim, il se coupait une tranche. » Rire de Schaefer.

« Les tueurs de vos fictions haïssent les femmes qui sont des "putes"...

– Dans l'histoire criminelle, les serial killers détestent les femmes. Certains s'attaquent à des pédés, comme Gacy qui s'entendait bien avec les femmes, mais qui haïssait les gays. En règle générale, les tueurs en série se focalisent sur un certain type de victimes. Beaucoup s'attaquent à des putes comme Gerry Stano [Gerald Stano] qui est ici dans le couloir de la mort. Il les traquait, avant de les poignarder, mais sans rapports sexuels. Et le FBI vient vous raconter que tous les serial killers sont motivés par des pulsions sexuelles... Alors comment font-ils pour expliquer un gars tel que Stano...

– Le FBI ne dit pas ça, leurs profilers affirment que la motivation principale est le contrôle total, l'emprise...

– J'ignore ce qu'ils racontent car ils ne viennent pas me parler. Ils veulent que je sois un consultant, pour me poser des questions. J'ai rien contre... Je serai ravi de donner mon opinion, mais où est leur chèque ? Ils ne veulent pas me donner du pognon. Moi, j'ai payé pour apprendre tout ça, et ils me disent que je suis un expert ! On a besoin de votre contribution, je leur réponds que je suis diplômé en criminologie, j'ai fait de longues études. Je suis un pro, alors payez-moi comme vous le feriez avec n'importe quel autre expert.

– Pourquoi 92 % des serial killers sont-ils de race blanche ?

– Je n'en sais rien. Si vous aviez la réponse, vous pourriez vous faire un sacré paquet de pognon. Norris pense que c'est une maladie, non ? » Le docteur Joel Norris est diplômé de psychologie à l'université de Géorgie. Il a écrit en 1988 *Serial Killers – The Growing Menace*.

« Certains psys affirment que les serial killers ont envie de se faire prendre. Qu'en pensez-vous ?

– Non, c'est des conneries. Regardez le cas du "Green River Killer", je pense qu'il va bientôt resurgir, peut-être en Californie, dans le sud de l'Etat, à Riverside. Je n'en sais pas plus, mais chez les détenus, il y a une sorte de téléphone arabe[1]. [Henry Lee] Lucas n'avait aucune envie de se faire prendre. On dit qu'il en a tué deux cents. Et son complice, Toole, dans les cent cinquante. J'essaie d'en savoir plus à son sujet. Je l'ai beaucoup aidé, vous savez. Je vais bien voir combien il en reconnaît.

– Quelle est l'intelligence des tueurs en série ?

– On a tous les profils. [Ted] Bundy était hyper-intelligent. Nos discussions étaient passionnantes, un peu comme vous et moi en ce moment. Mais lorsque vous lui parliez, il dégageait une sorte d'aura maléfique concernant le meurtre. Une énergie anormale, il fallait le vivre pour le comprendre. Cela se lisait dans son regard et au travers de son langage corporel. Il y avait quelque chose d'étrange en lui. Son apparence était normale, un homme solitaire et, tout d'un coup, il se transformait en quelqu'un d'autre, un schizo, mais ce n'était pas ça. C'était comme si une entité s'était emparée de sa personne. Ses avocats l'ont aussi remarqué. Un type comme Toole n'est pas intelligent, il n'a pas d'éducation, mais il est malin et rusé, il sait comment survivre dans les rues. Un survivant : quelqu'un de charmant

1. Entre 1982 et 1988, le « Green River Killer » assassine quarante-neuf prostituées dans la région de Seattle. Il est identifié en 2001 en la personne de Gary Ridgway. L'entretien avec Gerard Schaefer se déroule en novembre 1991.

la plupart du temps. Mais il y a des jours où il peut devenir une bête fauve. On lui donne des drogues pour le garder sous contrôle. Vous savez, je ne suis pas un spécialiste, je suis juste un auteur de fictions qui étudie ce phénomène. Chaque serial killer est unique. Certains sont mobiles comme Toole, d'autres restent dans leur quartier tel Dahmer. Quelques-uns vont répéter leurs crimes à l'infini comme le "Green River Killer" alors que d'autres vont varier les plaisirs.

– Pensez-vous que le nombre des serial killers augmente ?

– Oui, aucun doute là-dessus. Avant 1950-1960, il y en a eu peu, à part H. H. Holmes. J'en ai discuté avec un agent du FBI pour qui le phénomène a toujours existé. Mais c'étaient des tueurs sédentaires comme Belle Gunness. A l'époque, il n'y avait pas non plus le moyen de relier des crimes commis à Atlanta, Marietta ou Augusta. Les forces de police ne communiquaient pas entre elles. Regardez, c'est avec Bundy que l'on utilise l'ordinateur pour la première fois, afin de relier ces divers crimes. Ces gens-là sont de plus en plus nombreux… Cela devient un phénomène à part entière.

– Et pourquoi y en a-t-il autant aux Etats-Unis ?

– N'oubliez pas Bela Kiss, dans la Hongrie de 1915. Ils sont là, même si on les a oubliés. Peu de personnes connaissent son cas. Et, en France, Barbe-Bleue, Landru. Et celui que l'on a surnommé "Sex Beast", Melvin Rees. Le soi-disant grand spécialiste Joel Norris m'a confondu avec lui. Il m'a écrit une lettre d'excuses. J'étais livide. Moi, me traiter de criminel sexuel ! Qu'est-ce qui ne va pas chez ces gens ? Cela a été l'enfer pour moi et Norris dit : "Oh oui, vous avez raison, je me suis trompé." Il s'en fout, mais pas moi. Toutes ces conneries écrites sur des preuves trouvées dans ma voiture. Ils ont décortiqué mon véhicule sans rien découvrir.

– Si ce n'est pas exact, pourquoi ne l'avez-vous pas poursuivi en justice ?

– Il faut que vous prouviez la perte de votre réputation, mais comment pouvez-vous l'établir lorsque vous êtes condamné à la perpétuité ? Je n'ai aucune réputation. Voilà pourquoi ils peuvent se permettre de dire n'importe quoi à mon sujet…

– Vous vous êtes aussi intéressé à Harvey Glatman[1] ?

– Par pur hasard. J'avais acheté un numéro de *Time Magazine* où il y avait un article sur lui. Avec une photo de sa victime Ruth Mercado attachée dans le désert. Absolument fascinant. J'ai utilisé son cas pour un de mes récits.

– Peut-être parce qu'il étranglait aussi ses victimes…

– Simplement les étrangler ? Cela fait un bout de temps que je ne me suis pas penché sur son cas. Un mec sans beaucoup d'envergure. Il n'en a tué que quatre ou cinq, rien du tout comparé à ce qui se fait maintenant. En tant que français, vous devez connaître ce type, un sergent dans l'armée, Bertrand ? J'ai construit

1. Un cas exemplaire de sadique sexuel, Harvey Glatman est obsédé dès son plus jeune âge par les cordes et le bondage. A 10 ans, il se pend de nombreuses fois à des poutres du grenier pour des séances d'auto-érotisme. Plusieurs fois interné dans des hôpitaux psychiatriques, il passe des annonces dans des journaux de Los Angeles où il prétend être un photographe de magazines, à la recherche de modèles. Il viole, ligote et étrangle trois jeunes femmes, tout en les photographiant sous tous les angles. Une quatrième victime potentielle, pourtant blessée à la jambe d'une balle tirée par Glatman, parvient à s'emparer de l'arme et à faire arrêter le tueur. A l'image d'un Gary Gilmore ou d'un Westley Allan Dodd, Harvey Glatman demande à être exécuté. Il meurt dans la chambre à gaz de la prison de San Quentin, le 18 août 1959.

une histoire autour de lui, sur la nécrophilie. Beaucoup de personnes s'intéressent à ça, grâce au livre de Krafft-Ebing. » Rire de Schaefer. Et j'ai rencontré un authentique nécrophile.

« Que vous a-t-il raconté ?

– Tout ce qu'il faisait. Il travaillait dans une morgue où il baisait les mortes. Il a fait ça pendant des années. En fait, il a été condamné pour avoir volé des objets aux corps, pas du tout pour nécrophilie. En Floride, ce n'est pas interdit, sauf si vous profanez une sépulture.

– Vous conseillez aussi pas mal de détenus au sujet de leurs droits ?

– En effet, j'ai gagné plus de quarante procès, y compris les recherches effectuées pour le Canadien Sidney Jaffe qui avait été condamné à cent trente années de prison pour escroqueries sur des achats de terrain, ici en Floride. Il a été kidnappé à Toronto par deux chasseurs de primes qui l'ont emmené de force en Floride. J'ai tout de suite découvert la faille et il a été relâché au bout de deux ans. C'est mon cas le plus célèbre.

– Vous acceptez l'idée que l'on vous accuse d'être un serial killer, mais vous réfutez complètement l'accusation d'être un tueur d'enfants ?

– Exact. Le bureau du shérif et les médias ont déclaré que j'avais kidnappé et tué deux fillettes de 9 ans, Rahn et Stephenson. Cela a fait la une des journaux locaux. J'étais vert de rage. Ils disent ça pour enflammer le public et le mettre dans leur camp. J'ai subi un test de détecteur de mensonges pour l'affaire Stephenson que j'ai passé avec succès. Ils m'ont même écrit une lettre à ce sujet pour m'innocenter de toute accusation.

– D'autant qu'en prison cela peut être dangereux…

– Absolument. Surtout quand vous avez été un officier de police. En échange de ma collaboration, j'ai été protégé à Florida State Prison par Jesse Tafero[1]. C'est comme ça que cela fonctionne ici. J'utilise mes connaissances pour aider ces gars-là.

– Vous avez créé ce personnage de Cristal Beaver qui dit que tous les criminels condamnés devraient être exécutés.

– Absolument.

– C'est votre opinion ou celle de Cristal ?

– Les gens me confondent souvent avec les personnages que j'ai créés. Ils pensent que l'opinion de Cristal est obligatoirement la mienne. Mais je suis un artiste et, parfois, j'incarne une femme ou un homme, j'alterne les points de vue. Mon opinion sur l'exécution des criminels est la suivante : si vous avez un système judiciaire qui est destiné à découvrir la vérité, alors il faut un jugement rapide. Le système américain n'est pas basé sur la quête de la vérité. Ce n'est pas la même chose en France où c'est le Code Napoléon qui est en vigueur : une personne doit prouver son innocence après avoir été accusée. Chez nous, l'Etat apporte les preuves contre

1. En 1976, Jesse Tafero, un délinquant en libération conditionnelle, se trouve dans une voiture avec son épouse Sonia Jacobs et un ami, Walter Rhodes, lorsque deux policiers en patrouille les contrôlent. Ils aperçoivent une arme à feu sur le plancher du véhicule. Les deux agents sont abattus et Rhodes affirme que c'est Tafero le tueur. Il est condamné à la peine de mort, ainsi que Sonia Jacobs. Son exécution, le 4 mai 1990, est l'une des pires de toute l'histoire judiciaire. Des flammes s'échappent de son crâne qui bout littéralement. Il faudra envoyer du courant à trois reprises pour une agonie qui durera sept minutes. Par la suite, Walter Rhodes, qui est libéré en 1991, reconnaît que c'est lui qui a assassiné les deux policiers. Après dix-sept ans dans le couloir de la mort, Sonia Jacobs est relâchée et, en 2011, elle épouse Peter Pringle qui a passé quinze ans en tant que condamné à mort, lui aussi, mais en Irlande.

l'accusé et la défense tente de convaincre le jury que vous êtes innocent. Les jurés incarnent l'esprit collectif de la communauté. Il n'y a pas de confrontation d'opinions. Dans un tel système, ce n'est pas la recherche de la vérité qui prime, car vous avez ce représentant de l'Etat qui a été élu et qui, pour conserver son siège, doit prouver aux électeurs qu'il a résolu tant de crimes. Pour l'avocat commis d'office, c'est pareil avec le nombre de personnes qu'il aura réussi à faire acquitter. Cette philosophie ne permet pas la recherche de la vérité. Si vous souhaitez exécuter des condamnés, il vaut mieux choisir les bonnes personnes. Prenons l'exemple de Jeffrey Dahmer, il n'y a aucun doute que c'est lui le meurtrier, il découpe et dévore ses victimes dans son appartement, il est coupable et, pourtant, il plaide non coupable. J'appelle ça de l'hypocrisie. S'il avait été arrêté en Floride, où il y a la peine de mort, il est coupable et on l'exécute. Point barre. Mais dans un cas comme le mien, où des personnes vont falsifier des indices et où il n'existe que des preuves indirectes, me voilà condamné, alors que je n'étais même pas sur le lieu du crime. Mais peu importe, le procureur a convaincu six personnes de vous envoyer derrière les barreaux jusqu'à la fin de votre existence. Tant qu'ils n'auront pas corrigé ce genre de choses, ce sera le chaos. Et beaucoup de juges sont des escrocs. Pourtant jamais aucun de ces juges n'ira en prison, on les laisse démissionner. Vous voulez la peine capitale, OK. Mais lorsqu'un procureur a falsifié des preuves, exécutez-le, lui aussi, car il a une obligation vis-à-vis de la société. S'il ne la remplit pas, qu'on l'exécute. Mais ici, ça n'existe pas…

– Dans vos récits, tels que "Gator Bait", vous expliquez comment un serial killer doit se débarrasser des corps de ses victimes. L'histoire du requin et de l'alligator. Vous parlez par expérience personnelle ? »

Gerard Schaefer paraît gêné et il hésite quelques secondes avant de répondre.

« J'ai tout inventé. C'est de la fiction. Il y a cette jetée à Fort Everglades, où il y a effectivement des requins. Pour ce qui est des gens qu'on jette à l'eau, c'est de la fiction. Mais c'est quelque chose d'effrayant et de logique. L'histoire de l'alligator est basée sur une histoire vraie. J'en ai eu l'idée en voyant une photo dans un magasin d'articles de pêche sur la route 84. Un Noir pêchait au bord de la rivière lorsqu'un alligator l'a saisi sur la berge pour l'entraîner au fond des eaux. On a récupéré l'animal et lorsqu'on lui a ouvert le ventre, on a récupéré cet homme en petits morceaux. Dans le magasin, il y a ce cliché de l'alligator avec, à côté, les différents membres du pêcheur. J'ai vu ça en 1961, mais l'histoire n'a été écrite que quinze ans plus tard.

– Pourquoi avez-vous enlevé ces deux femmes qui ont réussi à s'échapper et à vous dénoncer ?

– Elles ne l'ont pas été… je les avais arrêtées. Une arrestation tout à fait légale, dans les règles.

– Pourtant, c'est bien vous qui les avez attachées, pour leur passer la corde au cou ?

– En effet, je le reconnais. J'ai abusé de la situation et j'ai eu tort. Je plaide coupable sur ce coup-là. C'était impardonnable. Et quand j'y réfléchis, je me dis : tu es vraiment un imbécile d'avoir agi ainsi. Cela m'a fait perdre mon boulot et j'ai été condamné à trois ans de prison. J'estime que j'ai payé ma dette à la société pour cette affaire. Par contre, je ne comprends pas comment on a pu me condamner à perpétuité pour tous ces autres crimes que je n'ai pas commis. J'ai même écrit une lettre d'excuses à chacune de ces deux jeunes filles.

D'ailleurs, elles n'ont pas à se plaindre puisqu'elles ont touché des dommages et intérêts ! » Il est très méprisant. « Vous savez, à l'époque, je prenais un médicament, de la Dexadrine, et comme j'avais bu beaucoup de bière, ce jour-là... Peut-être que ça a joué un rôle... Je ne cherche pas d'excuses, mais ce médicament qui était destiné à me faire perdre du poids... J'en sais rien.

– D'une certaine manière, c'est ce que décrivent vos fictions ?

– Certains l'ont dit, mais ce n'est pas vrai. Ils en ont fait une vidéo pour dire : ça s'est passé ainsi. Mais je n'ai jamais été consulté. C'est eux qui ont tout inventé. Les deux parties n'ont jamais été confrontées. C'est juste la version de Robert Stone. C'est quoi ces conneries ? Et j'avais déjà plaidé coupable pour voies de fait aggravées.

– Vous avez eu des problèmes avec votre avocat Elton Schwarz ? Il a eu des relations intimes avec votre femme. Pourquoi l'avoir gardé comme avocat ?

– Bonne question. Vous touchez là au nœud du problème. L'épouse du juge à mon procès, Pat, est venue me rendre visite en prison pour me dire que Schwarz avait des relations avec ma femme. Je ne voulais pas y croire, mais j'ai posé la question à mon épouse, qui l'a admis. C'est une sensuelle et, après tout, cela faisait neuf mois que j'étais incarcéré. Bon, je me suis dit : si elle veut se faire baiser, autant que l'on reste discret. J'en ai parlé à Schwarz avant le procès et il m'a déclaré : “C'est rien, juste une coucherie.” Il a ajouté que si j'en parlais à ce moment-là, cela ferait beaucoup d'histoires. Et je lui avais donné la preuve de mon innocence. Mais pendant l'audience, il est allé dans le sens de Bob Stone en présentant une preuve falsifiée. Et c'est ça qui a entraîné ma condamnation. Et, à présent, Schwarz s'est présenté devant la Cour en jurant qu'il n'avait pas eu de relations sexuelles avec ma femme. C'est un parjure car plusieurs témoins l'ont vu baiser mon épouse dans une voiture. Et ça, il va le payer un jour car jamais je ne renoncerai.

– Vous êtes fasciné par les camps de concentration et par le personnage de l'exterminateur SS Heydrich ? »

Il sourit. « Vous savez, je n'aime pas l'idée qu'on ait mis tous ces gens dans des chambres à gaz, mais beaucoup de personnes ont oublié ou nient même l'existence de l'Holocauste. C'est Heydrich qui a inventé tout ce programme d'extermination, avant d'être assassiné à Prague. Pour moi, c'est le mal absolu et je suis fasciné par les histoires qui se rattachent à cette époque. Je viens de lire les souvenirs d'une femme qui a été abattue, avant d'être jetée dans une fosse commune avec d'autres prisonniers. Elle a survécu par miracle, pour se réveiller au milieu de tous ces cadavres en décomposition. Et elle est parvenue à grimper hors de cette énorme fosse commune, en rampant au travers de tous ces corps qui pourrissaient. L'histoire de cette femme est incroyable. Imaginez un peu, elle doit se frayer un chemin à travers toutes ces chairs et ce sang. C'est horrible, bien sûr, mais aussi fascinant.

– Dans vos récits, vous parlez souvent d'exécutions capitales et, notamment, de la chaise électrique ?

– C'est un peu normal que cela m'obsède. Après tout, nous nous trouvons à moins de cent mètres de la chaise électrique qui sert pour tous les condamnés à mort de l'Etat de Floride. Et puis les gens ignorent ce qui se passe lors d'une telle exécution. Moi, je sais de quoi je parle. Je connais les types chargés de nettoyer la chaise après une exécution. La chair du condamné explose littéralement, l'électricité fait des drôles de choses. Le cerveau gonfle à l'intérieur du crâne et les yeux sortent des orbites, pour pendre le long des joues. La cervelle sort comme du chou-fleur par les trous de nez et les oreilles. Parfois, si le voltage est trop élevé, le ventre s'ouvre et les viscères tombent par terre. On ne raconte jamais ça. Il y a des condamnés qui prennent feu. Voilà pourquoi on les rase entièrement, même les jambes. C'est humiliant. Et on leur met une couche. Ça, c'est indispensable.

– Certains de vos dessins ont été saisis au domicile de votre mère et l'accusation s'en est servie contre vous lors du procès…

– Ce sont des ébauches. La façon dont tout ça est arrivé est si stupide… Je lisais *The History of Capital Punishment* de Lawrence, tout en faisant des croquis pour me souvenir de ce qui était raconté dans l'ouvrage. Les différents moyens de pendre les femmes suivant les crimes qu'elles avaient commis. La corde n'avait pas la même longueur. D'où l'idée du titre de ma nouvelle “Harlots Hang High”. Mes croquis ont été qualifiés de “déviants”. J'étais bien embarrassé car c'était stupide de ma part… Les gens ne se rendent même pas compte que la prostitution était passible de la peine capitale en Angleterre à une certaine époque !

– Pourquoi les femmes de vos croquis n'ont-elles jamais de visage ?

– Parce qu'on leur mettait un sac sur la tête. J'ai lu beaucoup de choses sur le massacre des juifs à Babi Yar en Russie en 1941. J'ai fait toute une série de dessins avec les yeux et les visages des victimes. J'en ai envoyé un pour Halloween à Sondra qui l'adore. Une femme décapitée.

– “Miss Maggot Meat” ?

– En effet. Vous l'avez vu ?

– Oui.

– Vous le trouvez bon ?

– C'est celui où Ottis Toole a rajouté un message : "Coupez-moi une tranche"…

– C'était juste une plaisanterie pour faire rigoler Sondra. Une plaisanterie un peu stupide… Vous pensez que j'ai un avenir en tant qu'artiste ? En tout cas, je dessine beaucoup mieux qu'Ottis, bien qu'il fasse de "belles pierres tombales". Je vais lui envoyer ma série sur Babi Yar et l'Holocauste, ça devrait lui plaire. Les seules personnes encore intéressées par cette époque sont les juifs tels que Simon Wiesenthal. Tous les autres haussent les épaules, l'air de dire "oui et alors ?". C'est quand même le plus grand massacre d'êtres humains qui ait jamais existé. Vous, en France, vous avez eu Drancy, mais ce n'était rien comparé à d'autres pays. Si les gens voulaient chercher à comprendre l'énormité du Mal, ils feraient tout leur possible pour que ça ne puisse pas recommencer. Et quand je vois la renaissance des néo-nazis en Allemagne, cela me fait frémir.

– Vous effectuez beaucoup de recherches sur les exécutions capitales pour des universitaires du monde entier… »

Gerard Schaefer est tout sourire. « Ma profession était officier de police, mais mon parcours universitaire m'a mené vers la justice criminelle. Ce que l'on fait des condamnés. En France, la guillotine a été entre les mains de la famille Samson pendant plusieurs générations, même si je ne parle pas le français, à part *Oh, là, là, les petites femmes de Paris.* » Il éclate de rire. « J'ai écrit une étude définitive sur l'exécution de Jeanne d'Arc et son déroulement qui m'a valu les félicitations de plusieurs professeurs. Comme je suis anglophone, je me suis surtout spécialisé sur les exécutions capitales en Angleterre, principalement la pendaison dont on peut me considérer comme un expert. D'autres personnes vont s'intéresser aux châtiments corporels non létaux comme le fouet et cela va les emmener vers le bondage et le cuir SM, ce qui est commun chez les fétichistes anglais. Jusqu'en 1820, on fouettait les femmes. Si une femme avait commis un acte interdit par la loi, on la plaçait debout, dénudée, dans une baignoire, avant de la battre jusqu'au sang à coups de fouet. Quant à moi, j'ai préféré me passionner pour les exécutions capitales. Lorsque je suis arrivé ici, on m'a nommé responsable de la bibliothèque de droit à cause de mon vécu. Et la première personne pour qui j'ai effectué des recherches était Jesse Tafero, ainsi que sa compagne Sonia Jacobs qui avait aussi été condamnée à la peine capitale. A cette époque, il n'existait pas grand-chose sur les exécutions de femmes et ça m'a tellement passionné que j'ai continué dans cette voie. Sonia Jacobs a vu sa peine de mort commuée en perpétuité, mais ce n'est pas grâce à moi. Elle a reconnu avoir été complice dans la mort de ces deux officiers de police, mais son recours a abouti car ses deux enfants en bas âge se trouvaient sur la banquette arrière et ils ont pris en compte son instinct maternel de protection. J'ai trouvé que c'était une belle manière d'éviter le problème de l'exécution d'une aussi belle femme qu'elle. Sonia est une femme SUPERBE, magnifique, à la silhouette parfaite et ils ne voulaient pas que la Floride soit accusée d'avoir tué cette blonde bimbo. Une excuse sexiste pour la laisser s'en sortir tout en exécutant Jesse. Cela me fascine… Comment peut-on en arriver là ? Elle a tiré sur deux flics et c'est lui qu'on grille, parce que c'est une mère de famille, qu'elle est belle et qu'il ne faut surtout pas qu'on parle de mettre à mort de belles femmes. Maintenant, c'est Judias Buenoano qui va s'installer ici dans le couloir de la mort de Floride[1]. Bon, elle est moche, donc je pense qu'elle va y avoir droit. Les gardes ici ne parlent que de ça, surtout qu'elle a de gros nichons. Ils vont se battre pour la voir se faire frire. Une autre qui est dans le collimateur, c'est cette prostituée et tueuse en série lesbienne Aileen Wuornos. Le cas le plus intéressant est Deidre Hunt qui a attaché un mec à un arbre, avant de l'abattre tout en se filmant. Son petit ami Kosta Fotopoulos est ici avec nous, je le vois tous les jours. Lorsqu'une femme va être exécutée, ça se déroule la nuit et certaines parties de la prison sont bloquées, mais ça n'empêche pas ces salopards de gardiens sadiques de venir jeter un coup d'œil, même s'ils ne sont pas de service. Ils rigolent et plaisantent entre eux : "*Southern Fried Cunt*" ("De la chatte sudiste frite"). Ils adorent ça. Je m'en suis rendu compte avec l'exécution de Bundy en 1989. C'était jour de cirque, il y avait de l'électricité dans l'air. Cela m'a rappelé l'histoire de Dickens sur l'exécution de Mannings à Londres en 1860. J'ai su ce que Dickens voulait dire quand l'Etat de Floride a tué Ted Bundy. Quand vous quitterez cette pièce, regardez au fond du couloir et, tout au bout, vous allez apercevoir une porte qui est la salle des exécutions. Demandez au gardien, il sera ravi de vous la faire visiter. Les condamnés arrivent enchaînés pour leur dernière promenade dans ce long couloir.

– Vous croyez en Dieu ?

– Bien sûr que je crois en Dieu, ainsi qu'en Jésus-Christ.

1. Condamnée à mort, le 26 novembre 1985, pour l'assassinat de plusieurs de ses maris et de son fils handicapé de 19 ans, Judias Buenoano incarne l'image du rêve américain : née d'une famille extrêmement pauvre, elle était devenue une femme d'affaires très riche. Mais le rêve allait bientôt tourner au cauchemar pour tous ceux qui devaient l'approcher. Elle a été exécutée le 30 mars 1998 sur la chaise électrique de Florida State Prison, à Starke.

Notre salut ne peut venir que de Jésus-Christ. Je vais à la chapelle de la prison trois fois par semaine et j'étudie les Ecritures, trois fois par semaine également. Je lis la Bible deux heures tous les jours. Je suis très sérieux dans la pratique de ma foi catholique. Si vous ouvrez votre cœur à Jésus afin de l'y inviter, vous allez vous transformer. C'est quelque chose de très réel. Cela ne vous rendra jamais parfait, mais cela vous ouvrira les yeux. C'est ça qui m'a fait arrêter d'écrire après "Murder Demons". Vous pouvez remercier ou maudire Norris pour cela. Est-ce un péché d'écrire ? Non. Mais ce que tu écris, est-ce bien ? Est-ce que cela va apporter quelque chose à l'humanité ? Est-ce que le monde sera meilleur ? Cela nous donne des pistes, cela retire tout glamour au meurtre, d'accord. Ne faudrait-il pas passer un ballet du Bolchoï à la télévision au lieu d'un téléfilm sur Ted Bundy ?

– Quand avez-vous commencé à écrire des nouvelles ?

– Vous voulez qu'on parle du livre ? *Killer Fiction* (*Journal d'un tueur*) ? » Il se radosse à sa chaise, très content de lui. « J'écris depuis 1963. Et je suis publié depuis cette date.

– Vous pourriez m'en lire des extraits ? Ceux qui vous semblent les plus significatifs de ce que vous faites ? »

Il examine les revues que je lui tends et feuillette les pages. Un large sourire se dessine sur ses lèvres. « Ah, voilà. "Blonde on a Stick" ("Une blonde sur un pieu"). C'est un texte que j'aime assez… » Gerard Schaefer est visiblement très content de ce qu'il écrit.

« Pourquoi avoir écrit *Journal d'un tueur* ?

– Pourquoi *Journal d'un tueur* ? Quand on regarde la télévision dans notre monde moderne, on est assailli par la violence et le sexe. On glorifie la vie criminelle, comme ce téléfilm, *Au-dessus de tout soupçon*, à la gloire de Ted Bundy. Il en est de même pour Henry Lucas et Ottis Toole avec *Henry, Portrait of a Serial Killer*. Ces gens-là ne devraient pas être glorifiés. » Il devient pontifiant, un peu comme un professeur d'université. « Ce qu'ils ont fait est horrible. J'ai pensé que si j'écrivais un livre sur ce qu'était réellement le meurtre en série, par opposition à la version glamour qu'on montre à la télévision, alors on comprendrait peut-être qu'il ne faut pas glorifier ces gens-là. Il faut les condamner pour ce qu'ils font. Ottis Toole vend actuellement une sauce pour barbecue. Ce type-là est un cannibale qui mangeait ses victimes ! » Schaefer feint l'indignation. Le même jour, je rencontre Ottis Toole qui m'indique que Schaefer est un de ses meilleurs amis dans la prison de Starke. « Il découpait les gens et préparait une sauce barbecue maison, qu'il étalait sur ses victimes avant de les cuire ! Cette sauce-là est en vente. Vous pouvez l'acheter par l'entremise des publications de Sondra London. C'est une horreur qui dépasse l'entendement. Toole est un homme affable, très souriant. C'est un des types les plus dangereux sur cette terre, si vous le mettez de mauvais poil. Lui, je le vois tous les jours. Mais il sait à peine lire et écrire. Dès qu'il reçoit du courrier, c'est moi qu'il choisit pour le lui lire à haute voix. Et s'il a envie d'y répondre, il m'indique ce que dois y mettre. J'ai rencontré bon nombre de ces gens-là. J'ai vu Bundy. C'est le plus célèbre, mais il y en a des tas comme lui dans cette prison, Gerald Stano ou l'"Eventreur de Gainesville". Je les ai écoutés. On a parlé comme nous le faisons maintenant, entre "confrères". En les écoutant, je me suis dit que je devrais faire une anthologie de ces récits en les romançant un peu. Ce serait peut-être une manière de montrer l'horreur des meurtres en série. Sondra London vend mes fascicules comme des petits pains, ils marchent très bien. Mais, ces derniers temps, on a connu des petits problèmes, car elle n'arrête pas de déclarer partout dans les médias que je suis un serial killer, probablement pour mieux les vendre. Je lui ai même intenté des procès pour ça, comme pour d'autres qui affirment la même chose. Elle me dit d'écrire telle ou telle chose sous forme de fiction, et quand je le fais, elle bave partout pour dire que je suis forcément un tueur en série. Et quand je lui rétorque que j'ai payé pour le savoir, elle ne comprend pas. Elle tient absolument à ce que je sois un serial killer, c'est sûr que ça fait mieux vendre.

– Vous avez suivi des ateliers d'écriture avec un célèbre auteur de romans policiers ?

– Oui, nul autre que Harry Crews à l'université Florida Atlantic. Mon style est très minimaliste, abrupt, à l'opposé d'un Hemingway. Lorsque j'écris, je suis en transe. Je tente de m'isoler, la structure du récit vient souvent plus tard. Je suis fan de John D. MacDonald et j'ai même échangé des courriers avec lui. Il aimait ce que je faisais. Il vivait à Sarasota, tout près d'ici. Je suis fan de son personnage de Travis McGee. Stephen King a ce don inné de pénétrer dans la tête de ses personnages pour nous les faire vivre. C'est si rare. Son meilleur roman est *Les Vampires de Salem*. Il a même inclus l'un de mes textes dans une anthologie sur l'horreur moderne.

– Vous affirmez que vos lecteurs doivent se munir d'un sac à vomir ?

– Oui, mais vous constaterez que c'est très bien écrit. Ce n'est pas écrit de manière dégueulasse. Mais le contenu est conforme à la réalité, et il faut vous y préparer. Lorsque les gens vont au fond des choses sur les meurtres de Bundy, vous apprendrez des actes cachés jusqu'à présent. Bundy ne violait pas les femmes pour ensuite les tuer, il les tuait d'abord pour ENSUITE les profaner. Il planquait les cadavres pour revenir les violer une semaine plus tard. Je n'ai jamais compris qu'on en fasse un héros culte ! Pourquoi recevait-il des centaines de lettres de femmes qui pensaient qu'il était un chouette type ? J'ai vu les courriers… des tas… quelque chose ne va pas dans notre société, voilà pourquoi j'ai décidé d'écrire ce livre.

– Mais vos textes sont écœurants et nombreux sont ceux qui affirment qu'il s'agit de fictions déguisées ?

– Le *Journal d'un tueur* n'est qu'un livre. Ensuite, j'ai écrit *Beyond Killer Fiction*. Devant le succès du premier, j'ai décidé de continuer. On m'écrivait : "C'est horrible, dégoûtant ! J'aimerais bien en lire d'autres." Bizarre, n'est-ce pas ? Les gens aiment ça, ils en redemandent, tout en trouvant ça horrible. Une jeune fille m'a écrit : "Je n'ai pas pu dormir pendant trois jours. Quand sort votre prochain livre ?" » Il sourit à pleines dents. « Il y a un petit problème, non ? En écrivant *Beyond Killer Fiction*, je me suis rendu compte que je ne touchais pas le public comme prévu. En fait, je satisfais la curiosité morbide de certaines personnes, mais je passe à côté de ce que je voulais faire. C'est-à-dire montrer aux gens la façon dont notre société traite du sexe et de la violence à la télévision. Chaque jour, sous les yeux des enfants, on anesthésie leur perception. Pour eux, un coup de feu, c'est "Pan ! T'es mort !", on tombe, mais après on se relève à la fin du film. Or, ça ne marche pas ainsi… Voilà pourquoi j'ai commencé à écrire "Road Cop", une satire sur la vie des policiers. Tout… peut-être pas tout, mais la majeure partie des programmes télévisés, montre l'homme comme une créature négative. Il y a pourtant bien des aspects positifs que l'on pourrait montrer. Mais ils intéressent moins les gens. » Il est tout sourire, écœurant d'hypocrisie. « J'aimerais bien que ma vie serve d'exemple. J'espérais que *Journal d'un tueur*... enfin, que ce soit quelque chose de bien. Les résultats sont mitigés. Certains trouvent le livre excellent. D'autres le jugent dégoûtant. Je leur réponds : c'est vrai, c'est dégoûtant. Le meurtre vous paraît-il plus haïssable ? Ou bien plus tentant ? S'il vous semble aujourd'hui plus haïssable, j'ai gagné mon pari. Le meurtre vous fait-il horreur ? Serez-vous plus prudent en prenant un auto-stoppeur ? » Il sourit et penche la tête sur le côté. Son regard s'illumine derrière ses lunettes à épaisse monture. « Et vous, mesdames, serez-vous moins promptes à inviter chez vous des inconnus que vous avez dragués dans un bar à célibataires ? Tous ces Messieurs Goodbar[1]... Diane Keaton était excellente dans ce film... Vous comprenez ce que j'essaie de faire ? Je veux avertir les gens. Le docteur Joel Norris a indiqué à Sondra London que mes textes étaient dangereux, car ils pourraient influencer des personnes instables d'un point de vue émotionnel et les pousser à commettre les actes qui y sont décrits. Cela m'a d'abord fait rire... puis j'ai réfléchi et prié et je me suis dit : mon Dieu, est-ce possible que quelqu'un me lise et soit poussé à commettre les horreurs que je dépeins ? Cela m'a donné l'idée d'écrire *Murder 101* où Rolling, l'"Eventreur de Gainesville", lit mon bouquin et s'en va commettre toute sa série de meurtres. Avec "Murder Demons", j'ai décidé que c'était fini, que je n'écrirais plus. Et les gens me disent : mais ce texte est parfait, il est excellent, il faut

1. *A la recherche de Mister Goodbar* (1977), de Richard Brooks, où Diane Keaton meurt assassinée par un homme dragué au hasard de ses multiples rencontres.

continuer. Mais parfait pour quoi ? Norris explique que c'est un manuel du crime parfait. Ce n'est pas bien. Je n'ai plus aucune justification morale. Sondra était furieuse. Je n'arrive plus à écrire de fiction, de peur que ça pousse quelqu'un à tuer. Les téléspectateurs regardent le téléfilm sur Ted Bundy comme un spectacle, mais Bundy, c'était pas du cinéma. Il existait ! Il vous aurait tué en rigolant. » La voix de Schaefer se fait chuchotante. « Il adorait ça. » Son regard se fait très intense. « Je l'ai vu comme je vous vois et il m'a tout raconté. Il y prenait plaisir. J'aurais voulu pouvoir filmer l'expression de son visage, à ce moment-là, quand il me parlait, dans la cage des condamnés à mort !

– Il revivait ces meurtres en permanence ?

– Je ne dirais pas en permanence. Il m'a dit un jour qu'il avait suivi mon affaire dans les journaux de faits divers et qu'il avait tué deux filles dans l'Etat de Washington pour m'imiter en quelque sorte. Un remake de mon affaire… Je crois qu'elles s'appelaient Ott et Naslund. Il m'a dit qu'il les avait emmenées en forêt et qu'il les avait étranglées. Puis il les avait violées à plusieurs jours d'intervalle. Il les avait décapitées, comme un hommage, en quelque sorte. Je me suis dit : enculés de journalistes ! Voilà un type qui a lu toutes vos conneries et qui y a cru ! Il a fait la même chose et maintenant il s'en vante ! Il me rendait hommage : "Tu en as eu combien, Jerry ? – Ils disent trente-quatre." » Sa voix est devenue un murmure. « "Ils n'en ont pas oublié ? Tu n'as pas un petit cimetière privé ?" » Il rit. « Moi, je lui ai répondu : "Ted, je suis le meilleur !" Que voulez-vous dire à un type comme ça ? Il n'y a rien à dire, il n'existe aucune réponse rationnelle possible. Si vous lui dites : "Tout ça, c'est bidon", il vous répondra : "Non, c'est pas vrai. Je sais…" Il en était sûr. Pour lui, c'était du vécu, pas pour moi. Je ne connaissais que ce qui avait été écrit. Il avait fait les choses, telles qu'il les avait lues. Il en avait eu trente-six. Il voulait être le meilleur. On disait que j'en avais eu trente-quatre et il avait peur que j'en aie d'autres à mon actif. Il voulait absolument que je lui dise : "Promis, juré, je n'en ai eu que trente-quatre." Mais je ne le lui ai jamais dit. Je sentais bien que la question du nombre des victimes l'obsédait et j'aimais bien le piquer au vif comme ça. Je lui répondais toujours : "Je suis le meilleur. Toi, tu vas griller, moi pas. Le meilleur, c'est moi, ils l'ont dit. Le premier. M. Stone ne s'est pas trompé. Le meilleur de tous les temps ! Et toi, tu n'es rien." Cela le rendait dingue. "Impossible", disait-il. Je lui montrais l'article du *Palm Beach Post* : "Tiens, regarde : Culte. En première page du *Palm Beach Post*. Culte ! Je suis le chef du Culte. – Impossible", répondait-il. » Il rit en secouant la tête. « C'était un malade. »

Lorsque nous quittons la minuscule pièce blanche, deux gardes encadrent Schaefer qui tient à me faire visiter cette aile du pénitencier de Starke. Du doigt, il m'indique le couloir : « Vous voyez, là-bas, au fond du couloir, cette porte. C'est là que se trouve la chaise électrique. La même qui a servi à exécuter Ted Bundy. C'est dans ce hall qu'on amène les prisonniers. Ils vont à la clinique, on leur met des chaînes et ils se rendent à la chambre de la mort… A côté, c'est une cabine où les détenus peuvent téléphoner, à quelques mètres à peine de la salle des exécutions. Ironique, non ? »

Chapitre XIV

TOTALES PERVERSIONS

Gerard John Schaefer cumule à lui seul un nombre incroyable de perversions :

Le voyeurisme

Dès l'adolescence, il épie depuis la maison de Doris Schaefer, sa mère, des voisines qui se dénudent. Lorsqu'il en parle en 1964 à Sondra London, sa petite amie de l'époque, elle est frappée par la rage qui s'empare de Schaefer. A ses yeux, ces femmes sont des « putes » (*whores*) qui le provoquent pour lui faire perdre sa foi de fervent catholique (il va tous les jours à la messe). Peu de temps après, Leigh Hainline, qui habite à deux maisons de la sienne, disparaît mystérieusement. Une autre voisine qui prend un bain de soleil en bikini se voit agressée avec violence. Schaefer tente de la violer, écrit « whore » au rouge à lèvres sur son miroir (une référence au cas du serial killer William Heirens qui fascine Schaefer) et finit par uriner sur son corps.

Le sadisme

Il est omniprésent chez le tueur. Dans ses écrits et ses actes. Lors de ses premiers meurtres, il s'attaque à une victime solitaire. Par la suite, il adore enlever deux jeunes femmes pour les humilier et les torturer l'une devant l'autre. Les deux survivantes d'un enlèvement ont expliqué qu'il se délectait à leur raconter par avance ce qu'il allait leur faire subir.

Le bondage

Lors de la fouille dans la maison de Doris, à Fort Lauderdale, on découvre d'innombrables cordes, liens, menottes et dessins de femmes dénudées ligotées avec des nœuds compliqués.

Le fétichisme

Schaefer garde des « trophées » dérobés à ses victimes. Les enquêteurs trouvent des boucles d'oreilles, des pendentifs, des colliers, des papiers d'identité, des mèches de cheveux et même des dents de plusieurs jeunes femmes.

L'urophilie

Le serial killer fait boire de l'alcool aux jeunes femmes pour les rendre plus soumises et, surtout, pour les obliger à uriner devant l'objectif de son appareil photo. Il se délecte aussi à leur uriner dessus.

La scatophilie

Au moment où il tue ses victimes, leur sphincter se relâche et elles se vident de leurs matières fécales. Schaefer les sodomise à ce moment-là et il aime à se barbouiller avec ces excréments.

La météorophilie

Cette déviance est l'excitation provoquée par le fait d'être suspendu. Dès l'âge de 12 ans, il aime à se suspendre ligoté à des arbres. Schaefer adore aussi pendre ses victimes et il signe de nombreux textes où il manifeste sa parfaite connaissance des exécutions par pendaison. Dans « Harlots Hang High » (« Les putes pendues haut et court »), il explique comment on pendait les prostituées dans l'Angleterre des XVIIe et XVIIIe siècles.

L'autoérotisme

Il se photographie sous tous les angles à l'aide d'un retardateur ou devant un miroir posé près d'un tronc d'arbre : en érection, les fesses nues avec son slip baissé sur les chevilles ou encore ligoté à un arbre.

Le travestisme

Son ex-petite amie Sondra explique que Schaefer a toujours désiré être une femme. On trouve à son domicile des photos de lui habillé avec de la lingerie féminine.

La pornographie

Elle est omniprésente dans ses écrits ou dans l'impressionnante collection de revues, notamment de bondage, découverte à son domicile et chez sa mère Doris.

La zoophilie

Adolescent, Schaefer sodomise des animaux et leur tranche la gorge au moment où il jouit. Pendant son voyage en Afrique du Nord en 1970, il aurait donné libre cours à son penchant en la matière. En 1972, quand le tueur travaille comme officier de police sous les ordres du shérif Crowder, qui l'arrête pour l'enlèvement de Pamela Sue Wells et Nancy Ellen Trotter, il découvre que de très nombreux animaux ont été victimes de mutilations sadiques dans le comté de Martin.

La nécrophilie

Le serial killer aime retourner auprès des corps de ses victimes pour les violer post mortem, quelquefois des semaines, voire des mois plus tard. Ensuite, il mutile les cadavres et les décapite. Dans l'un de ses courriers, Schaefer affirme posséder une malle cachée où il garde de nombreuses têtes de jeunes femmes. Ce coffre n'a jamais été retrouvé.

Le cannibalisme

En 1969, Gerard Schaefer est fasciné par le cas du tueur en série cannibale et pédophile Albert Fish. Le 29 décembre, il kidnappe deux fillettes de 8 et 9 ans, Peggy Rahn et Wendy Stephenson, à Pompano Beach, pour se livrer à des actes de cannibalisme, mais sans commettre de violences sexuelles à leur égard, un double assassinat qu'il reconnaît par écrit dans une lettre d'avril 1992.

Chapitre XV

EN GUISE DE CONCLUSION

Le *true crime*, ou l'écriture d'ouvrages sur les affaires criminelles, est, en règle générale, l'apanage d'auteurs qui sont soit des journalistes, soit des spécialistes autoproclamés, bardés de diplômes en criminologie, mais qui n'ont jamais vu l'intérieur d'une prison, d'un commissariat et dont l'expérience criminelle se limite au fait d'avoir écopé d'une contravention.

Leurs livres manquent d'authenticité car ils n'ont jamais vécu le crime de l'intérieur. D'autres écrivains ont parfois l'envie de se laisser tenter par l'aspect « voyeuriste » du sujet qu'ils vont traiter.

Quant aux authentiques criminels, ils sont trop compulsifs pour aligner ne serait-ce que trois phrases sur un bout de papier, à l'exception d'un Carl Panzram ou d'un Jack Henry Abbott.

Avec Gerard John Schaefer, nous sommes confrontés à un cas unique dans l'histoire criminelle. A la fois auteur et serial killer, les récits qu'il a écrits ont été déterminants dans le fait qu'il ait été condamné à deux réclusions criminelles à perpétuité. Ces textes sont tellement abominables que l'on a vraiment l'impression d'être face à quelqu'un qui sait de quoi il parle. *True crime* signifie « crime véridique », et c'est le sentiment qui ressort à la lecture des nouvelles de Schaefer.

D'instinct, on sait qu'il dépeint la réalité des faits dont il est accusé. En mai 1973, le procureur Robert Stone affirme que l'ex-shérif a commis « les pires crimes de l'histoire criminelle des Etats-Unis ». Le magazine *True Detective* déclare en 1974 que Gerard Schaefer est « le plus grand tueur de femmes du XXe siècle ».

Manipulateur à l'extrême, il est capable de vous dire, en l'espace de moins d'une heure ou dans un même courrier, qu'il est un « parrain de la Mafia sudiste », que ses amis satanistes vous tueront au moindre signe de sa part, qu'il est le plus grand serial killer de tous les temps, qu'il travaille pour la police comme agent infiltré, qu'il n'a jamais commis le moindre assassinat et que, s'il a été condamné, c'est parce qu'il a refusé de dénoncer des flics ripoux.

Le procureur Robert Stone croit dur comme fer que Gerard John Schaefer a commis trente-quatre meurtres ; le FBI, notamment Robert Ressler et Roy Hazelwood, estime, de son côté, que le nombre de ses victimes dépasse la centaine. Son ex-petite amie Sondra London et lui-même dans ses courriers, notamment dans une lettre qu'il m'adresse en 1992, affirment qu'il a « tué sur quatre continents » entre quatre-vingts et cent dix victimes.

Toutes mes vérifications minutieuses effectuées pendant près de vingt ans en Amérique du Sud, au Canada, en France, en Allemagne et en Afrique du Nord, prouvent, sans l'ombre d'un doute, qu'il n'y a assassiné personne. Il reste un léger doute en ce qui concerne le Canada.

Alors qu'en est-il réellement ? Gerard John Schaefer est-il, comme il le clame haut et fort, « le plus grand tueur de femmes du XXe siècle » ? Tout tient dans la dualité du personnage. Intelligent, doué, beau gosse jusqu'à ses 25 ans, détesté par son père, couvé par sa mère, il cumule les échecs professionnels et sentimentaux. Professeur raté, catholique fervent, il est rejeté par l'Eglise, se fait renvoyer de la police, ses deux premières petites amies l'abandonnent, son épouse demande le divorce au bout de quelques mois à peine. Schaefer s'apitoie sur lui-même et s'effondre en larmes à 19 ans dans les bras de Sondra London, ainsi que lors de ses entretiens avec les psychiatres. Il dort encore dans le lit de sa mère jusqu'à un âge avancé. Pervers sexuel, sadique, adepte de SM et de toutes les paraphilies possibles et imaginables, il projette une aura maléfique tout à fait palpable en jouissant de son fantasme de toute-puissance.

Qu'en est-il vraiment du nombre de victimes de Gerard John Schaefer ? Il paraît acquis qu'il aurait tué une jeune femme de manière « accidentelle », probablement vers 16-18 ans, juste avant de rencontrer Sondra London. La victime aurait succombé à une asphyxie lors d'un jeu érotique. Nancy Leichner et Pamela Ann Nater ne rentrent pas d'un pique-nique le 2 octobre 1966. Leigh Hainline Bonadies, la voisine que Schaefer épiait, disparaît en septembre 1969. Trois de ses bijoux sont découverts lors des fouilles de la maison de Doris Schaefer le 7 avril 1973. En décembre 1969, c'est Carmen Hallock qui s'évanouit dans la nature, avant que l'on trouve deux de ses dents et une épingle en forme de trèfle dans l'ancienne chambre de Schaefer. Le 29 décembre 1969, deux fillettes, Wendy Stevenson et Peggy Rahn, sont enlevées sur la plage de Pompano Beach. L'enquête démontre la responsabilité de Schaefer qui reconnaît le crime dans plusieurs courriers. En janvier 1972, c'est Belinda Hutchens qui est kidnappée et l'on retrouve son carnet d'adresses dans les affaires de Schaefer. Le 28 février 1972, c'est au tour de Debora Sue Lowe de s'évaporer dans la nature. Colette Goodenough et son amie Barbara Ann Wilcox ne donnent plus aucune nouvelle depuis janvier 1973 ; on découvre deux dents appartenant à Colette Goodenough, ainsi que leurs papiers d'identité, un journal intime et un recueil de poèmes chez Doris Schaefer. Susan Place et Georgia Jessup sont enlevées par l'ex-policier, le 27 septembre 1972. On découvre leurs restes à Blind Creek, sur Hutchinson Island, le 1er avril 1973. Le 24 octobre 1972, Mary Alice Briscolina et Elsie Farmer ne donnent plus aucun signe de vie. On retrouve leurs bijoux chez les Schaefer.

Lors des fouilles menées le 7 avril 1973, les enquêteurs trouvent des papiers d'identité appartenant à plusieurs hommes, Dennis Caudill, Edward Mell Geer, Kenneth Cranshaw, Michael Joseph Angeline, Steven Douglas Kindig et Kirk Phillip Duckwitz. Aucune de ces personnes n'est une victime de Schaefer, puisqu'ils ont tous été retrouvés vivants. Kindig et Duckwitz ont, par ailleurs, des casiers judiciaires. Ils ont eu affaire à l'ex-shérif pour diverses infractions, notamment routières, lorsqu'il était encore en fonction. Certains journalistes et le procureur Robert Stone ont accusé Schaefer d'être responsable de l'assassinat de Leonard J. Masar, dont le corps est retrouvé les mains coupées non loin du terrain de chasse habituel du serial killer. Mais il disparaît le 11 août 1972, alors que Gerard est encore derrière les barreaux pour la double tentative d'enlèvement de Nancy Trotter et Pamela Sue Wells.

Lors des investigations menées chez Doris Schaefer, environ une quinzaine de bijoux de femmes n'ont pas pu être rattachés à leurs propriétaires. Mais rien ne prouve que ces pièces de joaillerie appartenaient à quinze personnes différentes. On a également mis au jour plus d'une centaine de clichés de femmes dénudées et assassinées de manière violente. Là aussi, il faut raison garder. Gerard John Schaefer ne possédait pas de laboratoire photographique pour développer ses négatifs et on peut difficilement imaginer qu'il ait pu les confier à un studio proche de son domicile, notamment ses propres photos d'autoérotisme. Le tueur avait un correspondant en Australie, rencontré par l'intermédiaire d'une petite annonce publiée dans un magazine pornographique. John O'Riley (PO Box 38, East Brunswick, Victoria, Australia 3057) se chargeait d'effectuer les tirages pour Gerard Schaefer. Cet Australien, lui-même collectionneur de clichés gore de femmes mutilées, pendues ou dans des positions dégradantes et pornographiques, a envoyé 54 photos à Schaefer dans un même envoi. Le courrier arrivait à une boîte postale et il n'a pas été possible de retrouver trace de ce « John O'Riley », très certainement un pseudonyme.

Toutes mes investigations démontrent que Gerard John Schaefer a assassiné quinze femmes, avec la possibilité d'une dizaine de crimes supplémentaires, à cause des bijoux retrouvés au domicile de sa mère, mais rien ne permet de le relier directement à d'autres disparitions de femmes. On est donc très loin des trente-quatre meurtres annoncés par le procureur Robert Stone, ainsi que des estimations de certains des profilers du FBI, sans même mentionner les fanfaronnades outrancières de Schaefer lui-même.

Même s'il n'est pas le plus prolifique des serial killers au niveau du nombre de ses victimes, il demeure, à mes yeux, le « pire » par l'étendue de ses perversions sexuelles. Je n'aime pas employer le terme de monstre pour qualifier des tueurs en série, car c'est les mettre, en quelque sorte, sur un piédestal, mais pour moi, si quelqu'un mérite ce terme, c'est bien Gerard John Schaefer.

Bibliographie

Un seul ouvrage est entièrement consacré à Gerard Schaefer : Yvonne Mason, *Silent Scream* (2008).

Autres ouvrages :

Robert Keller, *American Monsters – The Serial Killer Case Files*, Volume 6 (Kindle edition, 2013).

Brian King, *Lustmord – The Writings and Artifacts of Murderers* (1996).

Sondra London, « Gerard Schaefer », in *Knockin' on Joe – Voices from Death Row* (1993).

Michael Newton, *The Encyclopedia of Serial Killers* (2000).

David Pietras, *Crossing the Thin Blue Line : True Stories of Cops Who Kill* (Kindle edition, 2013).

Robert Ressler & Tom Schachtman, *Chasseur de tueurs* (Presses de la Cité, 1993).

Keith Rommel, *The Devil Tree : The Legend of Port Saint Lucie* (2015).

Gerard John Schaefer, *Journal d'un tueur – Une blonde sur un pieu et autres récits criminels* (Camion Noir, 2015).

Filmographie

Un seul film, *Petrified*, est consacré à Gerard Schaefer, un tout petit budget tourné sur les lieux mêmes de ses crimes à Oak Hammock Park, Sainte-Lucie, en 2013.

Plusieurs documentaires lui ont été consacrés, *Most Evil*, ainsi que quatre films de Stéphane Bourgoin, *Serial killers – Enquête sur une déviance* (FR3, 1991), *Tueurs en série* (France 2, 2005), *Profilers, la traque du mensonge* (M6, 2010) et *Dans la tête d'un tueur en série avec Stéphane Bourgoin : Trois légendes du crime* (Planète, 2010).

Remerciements

Christophe Bataille et Isabelle Longuet pour la relecture du texte.

Florida Department of Corrections, Florida State Prison, Fort Lauderdale Police Department, Martin County Sheriff Department, FBI.

Robert Crowder, Robert Stone, Ken Adams, Yvonne Mason, Sondra London, John Douglas, Robert Ressler.

Mimi pour le soutien moral.

Tous les documents officiels traduits dans cet ouvrage – la liste des objets saisis chez Doris Schaefer, les rapports des psychiatres, les trois textes écrits par Gerard Schaefer (« L'envie », « Le manuel du crime parfait » et « Killing Time ») – ont été versés dans le dossier d'instruction à charge lors du procès de l'ex-shérif. Ces pièces appartiennent aux archives judiciaires de Floride et du comté de Martin. Elles sont maintenant domaine public.

Table

Introduction 9

I. « L'envie » 13
II. 21 Juillet 1972 : l'arrestation 21
III. Une enfance
et une adolescence « normales » 29
IV. « Pas de corps, pas de crime » 51
V. Trois doubles meurtres.............. 71
VI. Avril 1973 : la découverte 77
VII. Le « manuel du crime parfait » 101
VIII. Rendez-vous chez les psys 105
IX. La traque de Gerard Schaefer 125
X. Justice est faite..................... 129
XI. « Killing time » 143
XII. En prison 149
XIII. La rencontre 167
XIV. Totales perversions................. 193
XV. En guise de conclusion 197

Bibliographie 203
Filmographie 205
Remerciements 207

DU MÊME AUTEUR

Série B
(avec Pascal Mérigeau)
Edilig, 1983

Roger Corman
Edilig, 1983

Terence Fisher
Edilig, 1984

Richard Fleischer
Edilig, 1986

Fredric Brown. Le rêveur lunatique
Encrage, 1988

Jack l'Éventreur
Fleuve noir, 1992

Le Cannibale de Milwaukee
Fleuve noir, 1993
et Méréal, 1999

L'Étrangleur de Boston
Fleuve noir, 1993
et Méréal, 1999

Femmes tueuses
Fleuve noir, 1994

Almanach du crime et des faits divers
Méréal, 1997

Le Livre rouge de Jack l'Éventreur
Grasset, 1998
et « Points Crime », n° P3375

Le Vampire de Düsseldorf
Méréal, 1998

L'Ogre de Santa Cruz
Méréal, 1998

Le Monstre de Rochester
Méréal, 1999

La Main de la mort
Henry Lee Lucas & Ottis Toole
Méréal, 1999

100 ans de serial killers
Méréal, 2000

12 Serial Killers
Manitoba/Les Belles Lettres, 2001

Le Nouvel Almanach du crime et des faits divers
É-dite, 2001

13 Nouveaux Serial Killers
Manitoba/Les Belles Lettres, 2001

Les serial killers sont parmi nous
Albin Michel, 2003

Crimes cannibales
(avec Isabelle Longuet, sous le pseudonyme d'Étienne Jallieu)
Éditions Scènes de crimes, 2004

Le Livre noir des serial killers
Grasset, 2004
et « Points », n° P2296

Serial Killers
Les nouveaux monstres
(sous le pseudonyme d'Étienne Jallieu)
Éditions Scènes de crimes, 2005

L'Année du crime
(avec Isabelle Longuet, sous le pseudonyme d'Étienne Jallieu)
Éditions Scènes de crimes, 2006

Almanach du crime & des faits divers
Sang pour sang nouveau
É-dite, 2006

Le Dahlia noir
Autopsie d'un crime de 1947 à James Ellroy
(avec Jean-Pierre Deloux et François Guérif)
É-dite, 2006

Infanticides
(avec Isabelle Longuet, sous le pseudonyme d'Étienne Jallieu)
Éditions Scènes de crimes, 2007

Profileuse
Une femme sur la trace des serial killers
Grasset, 2007
et « Points », n° P2528

Les Clés de l'affaire Fourniret
Comprendre et lutter contre le crime en série
(avec l'association Victimes en série)
Pascal Galodé éditeurs, 2008

La Totale
Crimes et faits divers
É-dite, 2010

Tueurs
Grasset, 2010
et « Points », n° P2810

Serial killers
Enquête mondiale sur les tueurs en série
(avec Isabelle Longuet et Joël Vaillant)
Grasset, 2011

Mes conversations avec les tueurs
Grasset, 2012
et « Points », n° P2990

999 ans de serial killers
Éditions Ring, 2013

Serial killers
Enquête mondial sur les tueurs en série
Grasset, 2014

Qui a tué le dahlia noir ?
Éditions Ring, 2014

La Bible du crime
Éditions de La Martinière, 2015
repris sous le titre
À chaque jour suffit son crime
« Points », n° P4417

Les 13 meilleures histoires de serial killers
Éditions Ring, 2016

Les dernières Paroles de condamnés à mort
Éditions Ring, 2016

Serial krimes
317 serial killers, 193 assassins et 5700 meurtres
Grasset, 2017

Page Facebook :
Stéphane Bourgoin

RÉALISATION : NORD COMPO À VILLENEUVE-D'ASCQ
IMPRESSION : CPI FRANCE
DÉPÔT LÉGAL : AVRIL 2017. N° 134174-2 (2035377)
IMPRIMÉ EN FRANCE